“读原著·学原文·悟原理”丛书

DUYUANZHU XUEYUANWEN WUYUANLI

《德意志意识形态》这样学

孙熙国 张 梧 | 主编

曹金龙 | 著

中国出版集团
研究出版社

图书在版编目 (CIP) 数据

《德意志意识形态》这样学 / 曹金龙著. -- 北京 : 研究出版社, 2022.4

ISBN 978-7-5199-1184-3

Ⅰ. ①德… Ⅱ. ①曹… Ⅲ. ①《德意志意识形态》 - 马恩著作研究 Ⅳ. ①A811.21

中国版本图书馆CIP数据核字(2022)第050159号

出 品 人：赵卜慧
出版统筹：张高里　丁　波
责任编辑：朱唯唯
助理编辑：何雨格

《德意志意识形态》这样学
DEYIZHI YISHI XINGTAI ZHEYANGXUE
曹金龙　著
研究出版社 出版发行
（100006　北京市东城区灯市口大街100号华腾商务楼）
北京中科印刷有限公司印刷　新华书店经销
2022年4月第1版　2023年1月第3次印刷
开本：787毫米 × 1092毫米　1/32　印张：4
字数：54千字
ISBN 978-7-5199-1184-3　定价：29.80元
电话（010）64217619　64217612（发行部）

“读原著·学原文·悟原理”
丛书编委会

编委会主任

孙熙国，北京大学马克思主义学院教授、博导，北京大学习近平新时代中国特色社会主义思想研究院常务副院长，北京大学学位委员会马克思主义理论学科分会主席，国家“万人计划”教学名师，中央马克思主义理论研究和建设工程课题组首席专家，国务院学位委员会马克思主义理论学科评议组成员，教育部马克思主义理论类专业教学指导委员会副主任委员。兼任国际易学联合会会长，中国历史唯物主义学会副会长，北京市高教学会马克思主义原理研究会会长。

在《哲学研究》等刊物发表学术论文百余篇，著有《先秦哲学的意蕴》《马克思主义基本原理前沿问题研究》（第一作者）等，主编高校哲学专业统一使用重点教材《中国哲学史》，主编全国高中生统用教科书《思想政治·生活与哲学》《思想政治·哲学与文化》，获首届全国优秀教材一等奖。主持“马藏早期文献与马克思主义在中国的早期传播”“马克思主义基本原理的学科对象与理论体系”等国家哲学社会科学重大项目和重点项目。

孙蚌珠，经济学博士，教授。现任北京大学马克思主义学院党委书记、习近平新时代中国特色社会主义研究院副院长。教育部高等学校思想政治理论课教学指导委员会委员总教指委主任委员、“形势与政策”和“当代世界经济和政治”分指导委员会主任委员。马克思主义研究和建设工程首席专家，国家义务教育教科书“道德与法治”编委会主任，国家统编高中思想政治教材《经济与社会》主编、国家中等职业学校思想政治教材编委会主任。中国政治经济学学会副会长、中国《资本论》研究会副会长。主要从事政治经济学、中国特色社会主义经济理论与实践研究，获得过北京市科学技术进步二等奖，是全国首届百名优秀“两课”教师、全国思想政治理论课影响力标兵人物、北京市高等学校教师名师、国家“万人计划”教学名师、享受国务院政府特殊津贴专家。

孙代尧，北京大学法学学士、硕士和博士。现任北京大学博雅特聘教授、社会科学学部学术委员和马克思主义学院学术委员会主任，《北京大学学报（哲学社会科学版）》主编。曾任马克思主义学院副院长、学位委员会主席、教育部高校思政课教学指导委员会委员。

先后入选国务院政府特殊津贴专家、中宣部全国文化名家暨“四个一批”人才、国家“万人计划”第一批哲学社会科学领军人才；担任中央马克思主义理论研究和建设工程专家、中国科学社会主义学会副会长等。

主要从事马克思主义理论、社会主义历史和理论等领域的教学和研究。担任教育部哲学社会科学研究重大课题攻关项目、国家社科基金重大项目首席专家。科研成果曾获北京市哲学社会科学优秀成果一等奖等多个奖项。

张梧，哲学博士。现为北京大学哲学系助理教授、研究员、博士生导师，中国人学学会秘书长、北京大学中国特色社会主义理论体系研究中心研究员、济宁干部政德学院“尼山学者”。主要研究方向是马克思主义哲学史、社会发展理论等。曾著有《马克思恩格斯〈德意志意识形态〉研究读本》《社会发展的全球审视》等学术专著，在《哲学研究》等核心期刊发表论文 30 余篇。

代序

马克思主义可以这样学

马克思主义应该怎样学？马克思主义经典著作应该怎样读？北京大学马克思主义学院以博士生的“马克思主义经典著作研读”课为抓手，进行了积极的探索，走出了一条“读原著、学原文、悟原理”的新路子，逐步形成了马克思主义理论专业人才培养的“北大模式”。

北京大学具有学习、研究和传播马克思主义的光荣传统。北京大学是中国马克思主义的发祥地，是中国共产党最早的活动基地，是中国马克思主义理论教育的诞生地。1920 年，李大钊在北大开设了“唯物史观”“工人的国际运动与社会主义的将来”“社会主义与社会运动”等马克思主义理论课程和专题讲座，带领学生阅读马克思主义经典著作，公开讲授和宣传马克思主义。李大钊在北大所做的这些工作，与拉布里奥拉在意大利罗马大学、布哈林在苏俄红色教授学院、河上肇在日本京都帝国大学进行的马克思主义理论教学和研究工作，共同开启了马克思主义理论进入高校课堂的先河。

一百多年过去了，一代代的北大人始终把学习研究和宣传马克思主义作为自己的崇高使命，始终把马克思主义经典著作的学习研读作为教育教学的一项重要内容。2014年5月4日，习近平在北京大学师生座谈会上的讲话中指出，北京大学是新文化运动的中心和五四运动的策源地，是这段光荣历史的见证者。长期以来，北京大学广大师生始终与祖国和人民共命运、与时代和社会同前进，在各条战线上为我国革命、建设、改革事业作出了重要贡献。2018年5月2日，习近平总书记在北京大学考察时指出，北京大学是中国最早传播和研究马克思主义的地方。中国共产党的主要创始人和一些早期著名活动家，正是在北大工作或学习期间开始阅读马克思主义著作、传播马克思主义的，并推动了中国共产党的建立。这是北大的骄傲，也是北大的光荣。由此我们可以看到，北大具有学习研究和传播马克思主义的光荣传统，具有与祖国和人民共命运、与时代和社会同前进的光荣传统，具有爱国、进步、民主、科学的光荣传统。因此，如果要讲北大传统，首先就是马克思主义的传统；如果要讲北大精神，首先就是马克思主义的精神。北大学习研究和传播马克思主义的精神和传统始终与马克思主义经典著作的研读和学习紧紧结合在一起。

2018年5月2日，习近平总书记视察北大马克思主义学院时指出："高校马克思主义学院就是要坚持'马院姓马，在马言马'的鲜明导向和办学原则，为巩固马克思主义在意识形态领域的指导地位，推动马克思主义进校园、进课堂、进学生头脑，发挥应有作用。"在习近平总书记重要讲话精神的指导下，北京大学马克思主义学院逐步确立了以"埋首经典，关注现实"为基本理念、以马克思主义经典文献学习研读为重要内容的马克思主义卓越人才培养的"北大模式"。其中加强和完善"马克思主义经典著作研读"课程，并对研究生、特别是博士研究生进行马克思主义经典著作的中期考核成为北大博士生培养的一个重要环节。

北京大学马克思主义学院的学生究竟怎样学习马克思主义基本原理？怎样阅读马克思主义经典著作呢？

习近平总书记指出："学习理论最有效的办法是

读原著、学原文、悟原理。”要学好马克思主义理论，就必须要读马克思主义经典作家的原著，学马克思主义经典作家的原文，悟马克思主义基本原理。一句话，就是必须要学好马克思主义经典著作。“马克思主义经典著作”这门课一直是我国高校马克思主义学院研究生的核心课程。北大给硕士生开设的马克思主义经典著作课叫“马克思主义经典著作导读”，给博士生开设的马克思主义经典著作课叫“马克思主义经典著作研读”。我负责博士生的“马克思主义经典著作研读”课始自2010年秋季。一开始是我一个人讲，后来孙蚌珠、孙代尧老师加入进来，再后来马克思主义基本原理所、马克思主义发展史所的老师们也陆续加入到了本课程的教学和研究工作中。博士生的“马克思主义经典著作研读”课程的学习时间是一年，学习阅读的文本有30多篇。北大学习研读经典文本的基本方式是在学习某一文本之前，先由学生来做文献综述，通过文献综述把这一文本的文献概况、主要内容、学界争论的焦点问题、学者研究的基本方法和形成的基本范式梳理概括出来。呈现给读者的这套《读原著、学原文、悟原理》丛书，就是北京大学马克思主义学院2016级博士生在“马克思主义经典著作研读”课程学习过程中，在授课老师指导下围绕所学的马克思恩格斯经典文本完成的成果结集。授课教师从2016级博士生的研读成果中精选出了优秀的研究成果，经反复修改完善，以“读原著、学原文、悟原理”作为丛书书名出版。

本丛书收录了从马克思高中毕业撰写的三篇作文到恩格斯晚年撰写的《路德维希·费尔巴哈和德国古典哲学的终结》等代表性著述20余篇。这20篇著作是北京大学马克思主义学院马克思主义理论一级学科各专业和政治经济学、科学社会主义与国际共产主义运动专业博士生必修课“马克思主义经典著作研读”的必学书目。丛书作者对这20余篇著作的研究状况和研究内容的梳理、概括和总结，基本上反映了北大“马克思主义经典著作研读”课程的主要内容，展现了北大马克思主义学院博士生学习研读马克思主义经典著作的基本情况，是北大博士生阅读马克思主义经典文本、学习马克思主义基本原理的一个缩影。在某种意义上说，这些成果体现了北大马克思主义学院博士生学习马克思主义经典著作的基本方式。因此，我们可以自豪地说，马克思主义经典文本可以“这样读”，马克思主义基本原理可以“这样学”。

本书对马克思恩格斯每一时期文本的介绍和阐释主要是围绕以下四个方面的内容展开的。一是对马克思恩格斯这一文本的写作、出版和传播等主要情况的介绍和说明，二是对这一文本的主要内容的介绍和提炼，三是对国内外学者关于这一文本研究的基本方法、形成的基本范式和切入点的概括总结，四是对国内外学者在这一文本研究过程中所涉及到的一些具有争议性的问题或焦点问题的梳理和辨析。在每一章的后面，作者又较为详细地列出了该文本研究的主要参考文献，也就是关于每一个文本的代表性研究成果。本书力图从以上四个方面入手，尽可能客观全面地展示国内外学者关于马克思恩格斯这些经典文本的研究状况、研究结论和研究方法，以期对马克思主义学院师生学习、研读马克思主义经典著作提供参考和借鉴。

马克思主义理论是我们做好一切工作的看家本领，也是领导干部必须普遍掌握的工作制胜的看家本领。我们期望这套20本的“读原著、学原文、悟原理”丛书能够在这方面给大家提供一些积极的启示和有益的帮助。

孙熙国

2022.2

目录 CONTENTS

一、文献写作概况 003

二、文献内容概要 009

三、研究范式 015

四、焦点问题 032

五、小结 104

《德意志意识形态》是马克思恩格斯思想转变过程中的一部重要著作，因其第一次较为系统地阐述了唯物史观，成为马克思主义研究中无法绕开的议题。《德意志意识形态》一经公开出版，文中对许多问题的阐述，改变了学界的一些观点，也引发了新的论争。总体而言，学界基本都对其理论价值持肯定态度。正如列宁所指出："马克思的历史唯物主义是科学思想中的最大成果。过去在历史观和政治观方面占支配地位的那种混乱和随意性，被一种极其完整严密的科学理论所代替。"[①] 仅这一点就足以使《德意志意识形态》成为马克思主义发展史上的重要篇章。

学界充分认可了《德意志意识形态》的理论地位。巴加图利亚肯定了《德意志意识形态》的首创性，他指出："能够根据许多特征将《德意志意识形态》同马克思、恩格斯以前的全部著作相区别。

① 《列宁选集》第2卷，人民出版社2012年版，第311页。

在这里，很多东西是第一次确立或论述的。”[①] 黄楠森主编的《马克思主义哲学史》中指出，《德意志意识形态》是马克思的历史唯物主义形成的划时代的著作。在这部著作中，马克思以生产力为基础，对人们社会关系的发生和发展做了深入的历史考察和理论分析。[②] 庄福龄认为：“创立唯物主义历史观是伟大的科学成就，是社会学说中的真正革命。”[③] 侯惠勤认为：“在马克思主义思想发展史上，《德意志意识形态》无疑是一部里程碑式的重要著作。马克思、恩格斯在这部著作里第一次对历史唯物主义基本原理做了系统的阐述，透过这部著作我们可以领会和把握马克思主义的基本精神和理论特色；它也是马克思主义创始人给我们留下的卷帙最为浩繁的哲学著作，是当代马克思主义理论创新的宝贵思想资源。”[④] 雅克・阿塔利认为，《德意志意识形态》“引发了欧洲政治社会思潮的一次主要剧变”，“这

---

① 《马列主义研究资料》第 31 期，人民出版社 1984 年版，第 56 页。

② 黄楠森:《马克思主义哲学史》第 1 卷，北京出版社 1996 年版，第 446 页。

③ 庄福龄:《马克思主义史》第 1 卷，人民出版社 2004 年版，第 134 页。

④ 侯惠勤:《〈德意志意识形态〉的理论贡献及其当代价值》，载《高校理论战线》2006 年第 3 期。

本著作标志着人对于自身思考上的史无前例的转折点”[①]。聂锦芳认为，《德意志意识形态》是“表征马克思主义理论最重要的文本之一”[②]。

因为《德意志意识形态》的绝大部分内容没有在马克思、恩格斯生前发表，甚至也没有在很多理论家的生前发表，而且它本身也是未完成的手稿，但它又阐述了极为重要的思想，因此，公布之后必然引发学界对许多问题的重新思考与争论。总体来说，基本呈现了从思考其理论价值，到关注其核心思想的延续性，再到文献学研究，在努力还原文本的基础上进行思想还原这一趋势。

一、文献写作概况

《德意志意识形态》全名《德意志意识形态。对费尔巴哈、布·鲍威尔和施蒂纳所代表的现代德国哲学以及各式各样先知所代表的德国社会主义的批判》，习惯上简称为《德意志意识形态》。这部著作

---

① ［法］雅克·阿塔利：《卡尔·马克思》，刘成富等译，上海人民出版社 2010 年版，第 78—80 页。

② 聂锦芳：《批判与建构：〈德意志意识形态〉文本学研究》，人民出版社 2012 年版，第 1 页。

由马克思和恩格斯共同撰写而成，也是他们继《神圣家族》之后的第二部合著，但写作时间难以准确界定，大体完成于1845年秋至1846年5月。

1845年马克思和恩格斯先后迁居布鲁塞尔，此时，他们通过理论探究和社会观察实践不同的道路实现了哲学立场和政治立场的双重转变，哲学上从唯心主义转向唯物主义，政治上从革命民主主义转向共产主义，二者思想观点趋于一致并比较成熟。而且此时马克思的思考重心并不在一般的哲学争论上，正如他在《政治经济学批判》第一分册《序言》中写道："对市民社会的解剖应该到政治经济学中去寻求"①，他已经意识到理论逻辑必须基于对社会现实的研究，于是着手经济学的研究。马克思在《政治经济学批判》序言中明确表达了《德意志意识形态》的写作目的——"弗里德里希·恩格斯……从另一条道路（请参考他的《英国工人阶级状况》）得出同我一样的结果，当1845年春他也住在布鲁塞尔时，我们决定共同钻研我们的见解与德国哲学思想体系的见解之间的对立，实际上是把我

① 《马克思恩格斯选集》第2卷，人民出版社2012年版，第2页。

们从前的哲学信仰清算一下。这个心愿是以批判黑格尔以后的哲学的形式来实现的。”①

促使马克思和恩格斯合写《德意志意识形态》的直接原因，是德国理论界的喧嚣动荡。1844年年底，施蒂纳的《唯一者及其所有物》出版，马克思、恩格斯还没来得及在《神圣家族》中进行批判。1845年6月，赫斯发表了《晚近的哲学家》一书，批评了鲍威尔、施蒂纳和费尔巴哈都只是关注观念中的类与个人之间的矛盾和冲突，提出要走向社会主义实践。费尔巴哈在《维干德季刊》1845年第2卷发表《就〈唯一者及其所有物〉谈〈基督教的本质〉》一文，在这篇文章中，回应了施蒂纳的批评，强调他的哲学并没有否定个人，并声称自己为“共产主义者”。鲍威尔在《维干德季刊》1845年第3卷发表文章《评路德维希·费尔巴哈》，批评费尔巴哈并没有使自己与黑格尔真正划界开来，而且回应了马克思和恩格斯在《神圣家族》中对他的批判，并且把马克思恩格斯的观点与费尔巴哈的观点混为一谈，认为马克思、恩格斯和

① 《马克思恩格斯全集》第13卷，人民出版社1962年版，第9—10页。

赫斯都是费尔巴哈唯物主义哲学的继续。同时，以施蒂纳、赫斯和卡尔·格律恩为首的“真正的”社会主义的思潮，严重阻碍了工人运动的发展。这些“真正的”社会主义者，公开反对科学共产主义；号召人们信奉一种“人性的社会主义”，企图以社会主义“人性化”这一口号来破坏社会主义的基础。“真正的”社会主义除在德国理论界有很大影响外，从 1845 年起，这一思潮在法国和英国的正义者同盟中也有所泛滥。另外，马克思和恩格斯此时也要在思想上和行动上同费尔巴哈这一假共产主义者划清界限。批判的结果是马克思、恩格斯正面阐述了自己的哲学观点，比较系统地表述了唯物史观的基本原理。

《德意志意识形态》全书分为 2 卷八章，约有 50 印张。马克思和恩格斯本来想对德国哲学和社会思潮进行全面批判，但最终并没有完成，其中第一章对费尔巴哈的批判在内容和思想上都最为完整和系统，因此也一般被认为是最重要的一部分。而且，由于《德意志意识形态》是一部未完成的手稿，也呈现出几个鲜明的特点——没有总标题、没有写完和章节不全、破损和缺行缺页。[①]《德意志意识形态》两卷都是以手稿形式保存下来的，没有总的标题，现在的标题是根据马克思 1847 年发表的声明《驳卡尔·格律恩》中对这部著作的称呼所拟定的。第 1 卷三章各批判了费尔巴哈、鲍威尔和施蒂纳，关于费尔巴哈的一章没有写完，而且副标题指出批判的是以他们为代表的德国哲学，所以很可能批判的还有其他人。第 2 卷只有一、四、五三章，二、三两章缺失。在页码上，第 1 卷第一章缺 9 页，第三章有 3 处中断，计缺 20 页，两章共缺 29 页。

就像人一样，著作也有它自己的命运。《德意志意识形态》是一部“思想深邃而又命运多舛”的作品，它的发表和出版经历了漫长的过程。马克思和恩格斯曾多次为出版《德意志意识形态》在德国寻找出版商。但由于书报检查部门的阻挠，加上出版商对书中所批判的哲学流派及其代表人物的同情，这部著作未能完整出版。马克思、恩格斯在世时，只有第 2 卷第四章在 1847 年《威斯特伐利亚

---

① 林进平主编：《马克思主义研究资料》第 1 卷，中央编译出版社 2014 年版，第 56—58 页。

汽船》杂志8月号和9月号上发表过。马克思在给巴·瓦·安年科夫的信中指出了这一难处："您很难想象，在德国出版这种书要遇到怎样的困难，这困难一方面来自警察，一方面来自代表我所抨击的一切流派的利益的出版商。"[①] 这部著作以手稿形式保存下来，马克思逝世以后由恩格斯接管并做了适当整理，后来又分别交给奥·倍倍尔和爱·伯恩斯坦保管。

恩格斯逝世后近30年的时间里，伯恩斯坦等人先后发表了第1卷第三章和第二章，但仍不足手稿的一半，最重要的"费尔巴哈"章也没有发表。1924年，在梁赞诺夫的主持下，苏联马克思恩格斯研究所编译的《马克思恩格斯文稿》，首次用俄文出版该书的第1卷第一章——"费尔巴哈"章，1926年又出版了德文版。1932年，苏联马克思恩格斯列宁研究所在阿多拉茨基的主持下首次用德文发表《德意志意识形态》全部书稿，即阿多拉茨基版。次年，又出版了该著作的俄文版。由于《德意志意识形态》是未完成的手稿，而且页码不全，很

① 《马克思恩格斯全集》第27卷，人民出版社1972年版，第488页。

难厘清著作的原貌。后来的编辑者往往不得不依据自己对马克思恩格斯思想的理解整理出一定的逻辑线索，进而重新编辑《德意志意识形态》。然而后期加工的问题也十分明显，学者们为了弥补前人的不足，对手稿进行了多次编辑，出现了诸多版本。除了梁赞诺夫版和阿多拉茨基版，还先后有巴加图利亚版、新德文版、广松涉版、服部文男版、涩谷正版和 MEGA2 的先行版等多个历史版本。

二、文献内容概要

《德意志意识形态》手稿共有 2 卷，第 1 卷由一篇序言和三章构成，主要批判了路·费尔巴哈、布·鲍威尔和麦·施蒂纳的唯心史观，阐发了唯物史观的基本原理，论述了共产主义和无产阶级革命的理论；第 2 卷由五篇构成，主要批判了当时在德国流行的所谓“真正的”社会主义或“德国社会主义”思潮，揭示了这种假社会主义的哲学基础、社会根源和阶级本质。《德意志意识形态》之所以在马克思主义哲学史上具有如此重要的地位，是因为它进一步阐发了《关于费尔巴哈的提纲》中的观点，首次对唯物史观和共产主义理论做了比较系统的阐述，完整地表述了马克思主义哲学基本理论的初始形态。

阐明了唯物史观的出发点为社会存在决定社会意识。黑格尔的思辨哲学和青年黑格尔派的唯心主义总是希望从理论上、意识中解决社会现实的问题，从施特劳斯的“实体”、切什考夫斯基的“行动哲学”到鲍威尔的“自我意识”，都没能从天国走向人间。1841 年费尔巴哈出版了《基督教的本质》一书，“使唯物主义重新登上王座”（恩格斯语），对马克思恩格斯的思想转变起到了十分重要的作用。因此，他们在第一部合著《神圣家族》中对费尔巴哈有比较高的赞誉。但是，费尔巴哈的唯物主义只属于自然领域，和历史是分离的。“当费尔巴哈是一个唯物主义者的时候，历史在他的视野之外；当他去探讨历史的时候，他不是一个唯物主义者。”[①] 马克思此前就多次批判过青年黑格尔派的历史观，归根到底，“这些哲学家没有一个想到要提出关于德国哲学和德国现实之间的联系问题，关于他们所作的批判和他们自身的物质环境之间的联

① 《马克思恩格斯文集》第 1 卷，人民出版社 2009 年版，第 530 页。

系的问题”[①]。《德意志意识形态》中更明确地论证了马克思和恩格斯的唯物史观的出发点是“从事实际活动的人”，是“物质实践”。他们认为，研究现实的人的活动和他们的物质生活条件是科学历史观的前提。“我们不是从人们所说的、所设想的、所想象出来的东西出发，也不是从口头说的、思考出来的、设想出来的、想象出来的人出发，去理解有血有肉的人。我们的出发点是从事实际活动的人，而且从他们的现实生活过程中还可以描绘出这一生活过程在意识形态上的反射和反响的发展。”[②]可以看出这种历史观的关键点在于“从直接生活的物质生产出发阐述现实的生产过程，把同这种生产方式相联系的、它所产生的交往形式即各个不同阶段上的市民社会理解为整个历史的基础，从市民社会作为国家的活动描述市民社会，同时从市民社会出发阐明意识的所有各种不同的理论产物和形式，如宗教、哲学、道德等，而且追溯它们产生的过程”[③]。也就是说，不是用观念来解释社会实践，而是用社

① 《马克思恩格斯文集》第 1 卷，人民出版社 2009 年版，第 516 页。
② 《马克思恩格斯文集》第 1 卷，人民出版社 2009 年版，第 525 页。
③ 《马克思恩格斯文集》第 1 卷，人民出版社 2009 年版，第 544 页。

会实践来解释各种观念。这是因为，“意识在任何时候都只能是被意识到了的存在，而人们的存在就是他们的现实生活过程”①。改变一时的形式和产物不是通过精神批判，而是要改变社会现实，也就是社会存在决定社会意识。

论述了生产力和生产关系辩证发展的这一基本原理。马克思、恩格斯从生产力出发进一步发展出生产关系的范畴，《神圣家族》中分析劳动产品与人的关系时已经有“对他人的人的关系”和“人对人的社会关系”等相关表达，“交往”的术语在《德意志意识形态》中含义较广，包括个人、群体和国家之间的物质交往与精神交往。一般认为，文中所用的“交往形式”“交往方式”“交往关系”以及“生产关系和交往关系”等都表达了马克思和恩格斯当时形成的生产关系概念。马克思、恩格斯提出了物质生产在人类历史发展中的决定作用，指出人类第一个历史活动是生活资料的生产，即生产物质生活本身，论述了生产力与交往形式的矛盾运动。生产力决定交往形式，交往形式反作用于生产

① 《马克思恩格斯文集》第 1 卷，人民出版社 2009 年版，第 525 页。

力。随着生产力的发展，原有的交往形式不能适应生产力而成为制约，必然由新的交往形式所代替。并且，按照他们的观点，“一切历史冲突都根源于生产力和交往形式之间的矛盾”[①]。为了进一步论述生产关系，马克思、恩格斯还同生产的分工和所有制联系起来。物质劳动和精神劳动的分工、农业和商业的分工、城市和乡村的分离，分工的越来越细，深刻地影响着人与商品、人与人、人与社会的关系。因此，“一个民族内部的分工，首先引起工商业劳动同农业劳动的分离，从而也引起城乡的分离和城乡利益的对立”。而且，“分工发展的各个不同阶段，同时也就是所有制的各种不同形式。这就是说，分工的每一个阶段还决定个人的与劳动材料、劳动工具和劳动产品有关的相互关系”[②]。分工促进了生产力的发展，但分工也与私有制联系在一起，产生了不同实体之间的矛盾并影响着生产关系，因而介入了生产力和生产关系的辩证发展之

① 《马克思恩格斯文集》第 1 卷，人民出版社 2009 年版，第 567—568 页。
② 《马克思恩格斯文集》第 1 卷，人民出版社 2009 年版，第 520—521 页。

中，成为二者的影响因素。

论证了人类历史发展的一般规律和科学社会主义学说。马克思和恩格斯从生产力和交往形式的矛盾运动中揭示了人类历史发展的一般规律，交往形式在私有制下发展成为生产力的破坏力量，阶级对立达到极点。因此，共产主义必然取代资本主义，这是社会发展的历史必然性。与空想社会主义相反，科学的共产主义学说由于在《德意志意识形态》中已经有了比较明确的历史唯物主义哲学基础，不是立足于思辨世界的理想社会，而是历史进程中的客观结果。无产阶级应该夺取政权、消灭私有制、建设新社会并在斗争实践中改造自己。他们指出："只有在现实的世界中并使用现实的手段才能实现真正的解放……'解放'是一种历史活动，不是思想活动，'解放'是由历史的关系，是由工业状况、商业状况、农业状况、交往状况促成的""对实践的唯物主义者即共产主义者来说，全部问题都在于是现存世界革命化，实际地反对并改变现存的事物"[①]。这种创建未来新世界的改变，一

① 《马克思恩格斯文集》第 1 卷，人民出版社 2009 年版，第 527 页。

方面要以生产力的巨大增长和高度发展为前提，另一方面依赖于同生产力发展相联系的世界交往，共产主义的事业具有“世界历史性”。在马克思和恩格斯看来，共产主义是一种立足于社会现实的实践活动，“共产主义对我们来说不是应当确立的状况，不是现实应当与之相适应的理想。我们所称为共产主义的是那种消灭现存状况的现实的运动”[①]。因此，共产主义将消灭旧的分工造成的限制，使每个人得到自由全面的发展，只有单个人摆脱各种局限，才能获得最终解放。由此可见，在马克思、恩格斯的分析中，世界历史的发展进程已经脱离了天国走向人间，具有深厚的现实基础。同时，社会主义也因为唯物主义历史观从空想走向了科学。

三、研究范式

由于《德意志意识形态》是马克思恩格斯思想转变过程中的一部重要著作，第一次比较系统地阐述了唯物史观，所以对《德意志意识形态》的研究，便成为马克思主义思想史的一部分，也就成为

① 《马克思恩格斯文集》第 1 卷，人民出版社 2009 年版，第 539 页。

探究马克思恩格斯思想转变和成熟的关键。对此，国内外学者都进行了深入研究，形成了几个比较经典的研究范式。

1. 国外文献学研究范式

对作品的研究，首先有赖于作品的完成。严格意义上而言，《德意志意识形态》“不是一部计划中的、完整的著述，即事先并没有经过十分严密的通盘考虑和筹划，而是由多个事端引发，写作计划和框架结构几经变动、更改，由若干写法不同、篇幅长短不均的章节所组合而成的相当松散的著述，并且最终也没有全部完成并出版”[①]。因此，要理解《德意志意识形态》中的思想，就必须进行文献学的研究，尽力还原它作为一部作品的形态。在坚实的文献基础上，才能进一步深入细致地研究《德意志意识形态》中的唯物史观相关问题。自20世纪20年代以来，随着“费尔巴哈”章的出版，关于《德意志意识形态》的文献学研究就不断激发着世界上众多国家学者的研究热情，形成了以梁赞诺夫、阿多拉茨基、巴加图利亚和陶伯特等人为代表

① 聂锦芳:《未完成的文本如何表述思想? ——对〈德意志意识形态〉写作过程的考察》,《现代哲学》2006年第6期。

的文献学研究范式。

《德意志意识形态》的版本编辑和研究主要集中在“费尔巴哈”章，代表性的版本有：梁赞诺夫版（1924 年）、阿多拉茨基版（1932 年）、巴加图利亚版（1965 年）、新德文版（1966 年）、MEGA2 试编版（1972 年）以及近来一些日本学者编辑的版本。国际文献学研究的主要目的，就是要便于理解马克思恩格斯思想。为了达到这一目的，大部分学者采取了让马克思、恩格斯的手稿成为作品的方式。“自达维德·梁赞诺夫 1926 年重建了《德意志意识形态》‘全部著作的结构’以来，留传下来的各篇手稿就被编辑和解释成一部著作。”[①] 梁赞诺夫首先发表“费尔巴哈”章时就有这样的问题。1932 年阿多拉茨基版主持出版完整的《德意志意识形态》更是因为过多根据自己理解编排被批评为“剪刀加浆糊”的工作。为了改变前人的不足，1965 年巴加图利亚重新编排出版，成为另一个重要版本。问题是，还原的过程必然有了研究者自身思想的介

① ［德］陶伯特：《〈德意志意识形态〉手稿和刊印稿的问题和结果》，载《马克思主义研究资料》第 1 卷，中央编译出版社 2014 年版，第 273 页。

入，这就很难说是作品的原貌了。其实，每个人都在探索自认为最接近马克思恩格斯原意的版本而已。陶伯特是德国著名的马克思文献研究专家，是MEGA2（《马克思恩格斯全集》历史考证版第二版）编辑委员会的重要成员。东欧剧变后，她转到西方马克思学的文献学方法立场上，2004年作为编辑者由国际马克思恩格斯基金会（IMES）出版了同一文本《德意志意识形态》的MEGA2先行版。陶伯特虽然想尽量按时间顺序还原手稿的真实状态，但弊端也是很明显的。按照她的思路，"《德意志意识形态》不再是一本独立著作的未完成手稿，而成了一个多人合作的文集"[①]。

2. 苏联传统教科书范式

苏联是世界上第一个社会主义国家，也是马克思主义理论研究的重镇。苏联学者对马克思主义的研究和认识，对整个世界特别是社会主义国家有着深刻的影响。《德意志意识形态》是马克思恩格斯思想转变过程中的重要作品，但同《1844年经济学哲学手稿》等其他青年马克思的早期作品一样，它

① ［德］陶伯特：《MEGA：陶伯特版〈德意志意识形态·费尔巴哈〉》，李乾坤等译，南京大学出版社2014年版，第2页。

们都在马克思、恩格斯逝世很久才被发掘出版，甚至列宁生前也都没有见过。显然，这就会给研究带来一定的困难。

列宁最早提出了马克思恩格斯思想转变的问题，他在《卡尔·马克思》中的论述首先阐发了马克思思想的转变，他指出："1842年，马克思在《莱茵报》（科隆）上发表了一些文章……从这些文章可以看出马克思开始从唯心主义转向唯物主义，从革命民主主义转向共产主义。1844年在巴黎出版了马克思和阿尔诺德·卢格主编的《德法年鉴》，上述的转变在这里彻底完成。"① 列宁主要依据《〈黑格尔法哲学批判〉导言》中实现宗教批判转向世俗批判，这是一个具有唯物主义的命题，对社会意识的批判要通过对社会存在的批判来完成；另外，《〈黑格尔法哲学批判〉导言》中提出了无产阶级的概念，表明从革命民主主义转向共产主义。由此，早期马克思思想经历"两大转变"的观点成为重要的理论问题，列宁的理解也成为一种经典的解读模式。苏联学者继承了列宁的观点，他们主张一种在理论逻辑

① 《列宁全集》第26卷，人民出版社1988年版，第83页。

上含糊其词的观点。认为1843年《巴黎笔记》以前的马克思仍然是受黑格尔唯心主义影响的青年马克思，而1843年夏天至年底马克思已经开始了向马克思主义的新唯物主义和共产主义的转变过程，这个过程一直到《关于费尔巴哈的提纲》和《德意志意识形态》最终完成。

显然，由于《德意志意识形态》发表较晚影响了苏联学者对马克思恩格斯思想转变过程的认识，使他们认为这种转变只是“一个量的渐进过程”。这就导致一个问题，在《德意志意识形态》之前，1843年夏天以后青年马克思的许多文本中都被指认出存在马克思主义思想。

3. 阿尔都塞“认识论断裂”研究范式

19世纪20年代以后,《德意志意识形态》和《1844年经济学哲学手稿》相继问世，其中，异化理论和实践哲学的重新发现使得人们对马克思学说的解释开始出现歧义，引发了关于“青年马克思”和“老年马克思”的争论。一些西方资产阶级学者把马克思主义“人道主义化”，过度抬高《1844年经济学哲学手稿》的地位，认为这是“马克思的中心著作”，借以反对传统的、唯物主义的马克思主义。

同时，另一部分西方马克思主义学者却竭力维护马克思学说的客观性和科学性，反对用“人学”补充马克思学说。其中，西方结构主义马克思主义的代表人物阿尔都塞提出的“认识论断裂”成为一种独特的研究范式。阿尔都塞也认为存在着以《关于费尔巴哈的提纲》和《德意志意识形态》为分界线的“青年”和“老年”两个马克思，也就是“处于人本主义意识形态逻辑框架中的青年马克思与作为创立了全新科学世界观的马克思主义者的马克思”[①]。但他与人本主义的马克思主义相反，却用“老年马克思”来反对“青年马克思”。对于青年马克思如何在短时间内实现走向成熟的跨越问题，他用“认识论断裂”说进行解释。他明确指出：“我向巴歇拉尔借用了这个思想，为了把意思表达得更加透彻起见，我把它称为‘认识论断裂’，并把它当作我的早期论文中的中心范畴。”[②] 阿尔都塞把症

① 张一兵：《回到马克思：经济学语境中的哲学话语》，江苏人民出版社 2014 年版，第 6 页。

② ［法］路易·阿尔都塞：《保卫马克思》，顾良译，商务印书馆 1984 年版，第 226 页。

候阅读法作为结构主义的马克思主义方法论的核心，通过症候阅读法来解释文本深层的理论结构，进而发现文本内部的总问题。他认为："确定思想的特征和本质的不是思想的素材，而是思想的方式，是思想同它的对象所保持的真实关系，也就是作为这一真实关系出发点的总问题……一切都取决于总问题的性质，因为总问题是组成成分的前提，只有从总问题出发，组成成分才能在特定的文章里被思考。"①由此可见，阿尔都塞正是通过症候阅读法发现总问题，进而通过总问题的转换来说明马克思思想变革，以及他的前后期思想的深刻转变的。《德意志意识形态》更多的是作为这种转换的关键节点。

4. 日本学者研究范式

日本学界在《德意志意识形态》文献考证和思想内容研究方面也比较出色，出现了广松涉、涩谷正和望月清司等一批学者。在文献编辑方面，1974年，广松涉按照手稿的内容结构编排了《德意志意识形态》；1996年服部文男发表《新译〈德意志意

① ［法］路易·阿尔都塞:《保卫马克思》，顾良译，商务印书馆1984年版，第48页。

识形态〉》，改进了广松涉版没有对照原始手稿和译文晦涩的问题；1998 年涩谷正发表《草稿完全复原版〈德意志意识形态〉》，更加接近原文。日本学界也试图恢复手稿原貌，并且取得了一定成果。但任何一个人的研究都不可避免地存在着不足。例如广松涉版《德意志意识形态》，他在保持手稿完整性上做出努力，受到张一兵等人的高度评价，但大村泉、涩谷正、平子友长等日本学者已经令人信服地指出，广松涉所依据的文献素材主要是阿多拉茨基版中的内容，因此也受到批评。

在思想内容研究方面，针对马克思思想转变的问题，广松涉同阿尔都塞有着类似的观点，认为马克思是在《德意志意识形态》时期发生了思想断裂或者说范式转换。阿尔都塞认为马克思在《德意志意识形态》之后由“意识形态”转向了“科学时期”，而广松涉在大量的文献学考证的基础上认为马克思“从异化论逻辑转向物象化逻辑”。广松涉的依据是，《1844 年经济学哲学手稿》中频繁出现的异化概念在“费尔巴哈”章中却几乎消失了，取而代之的是所有制、分工、交往、生产力、市民社会、生产关系、阶级等物象性范畴。望月清司对马克思市民社会历史理论的研究，也是日本学界研究的一个独特范式，他的代表作《马克思历史理论的研究》，也是他撰写的唯一一部专著，不同于一般教科书把马克思的历史观称作“历史唯物主义”或者“唯物史观”，他从马克思主义中抽离出“马克思历史理论”，同正统的“教义体系”决裂开来。

5. 国内学者研究范式

我国学界关于马克思主义的研究最初沿袭了苏联的模式，后来逐步走向成熟，认识到苏联模式的一些问题并且有了自己的见解。目前学界比较经典的有以黄楠森为代表的马哲史研究范式、孙伯鍨和张一兵等人代表的文本学解读研究范式，以及聂锦芳与韩立新代表的文献学研究范式。

我国学界的研究，离不开对列宁“两个转变”论断的理解，在基本肯定的基础上，随着研究资料的不断丰富，也做出了一定的修正。而学者们努力的方向，主要就在转变彻底完成的标志是立场转变还是思想成熟上做文章。从立场转变而言，《〈黑格尔法哲学批判〉导言》中马克思的思想无疑已经实现了哲学和政治观点的双重转变，但从思想成熟方面而言，学界普遍认为，到 1845 年以后《关于费尔巴哈的提纲》和《德意志意识形态》系统地论述了马克思主义的基本概念和基本原理，自觉清算了费尔巴哈人本主义的唯物主义的影响，既与唯心主义又与旧唯物主义彻底划清了界限，是标志着马克思主义基本形成的著作。但由于这两部著作当时没有公开出版，所以 1847 年 7 月发表的《哲学的贫困》和 1848 年 2 月发表的《共产党宣言》，是标志着马克思主义公开问世的著作。有学者从立场转变的角度肯定并发展了列宁的观点，而有学者则对列宁的观点提出了质疑，当然，也有学者跳出了这一框架，从马克思思想的价值取向角度进行了论证，由此形成了不同的理解范式。

黄楠森从马克思主义哲学史的角度考察，把唯物主义和共产主义同科学的哲学世界观区别开来，认为马克思在《德法年鉴》上发表的文章，虽然还带有费尔巴哈人本主义的影响，但是基本方面却标志着马克思完成了两个转变。马克思转向唯物主义和共产主义，并不意味着他已经创立了科学形态的哲学世界观，而完全同他先驱者的哲学观点划清了界限。这里所谓的转变，是指他对思维和存在、理论和实践做出了唯物辩证的理解，同时，他诉诸无产阶级，将无产阶级视为人类解放，即实现共产主义的物质力量。马克思的这一转变，虽然距离他形成自己的完备理论体系还相当遥远，但对他创立这一崭新理论体系却具有根本的意义。黄楠森认为，19世纪40年代中期，马克思、恩格斯面临的首要问题是解决历史观的问题。《德意志意识形态》将《关于费尔巴哈的提纲》中“新世界观的天才萌芽”发展成为历史唯物主义完整体系，“随着唯物主义历史观的形成，社会主义、共产主义才最终被置于它的科学基础之上。因此，马克思也才真正‘成为马克思’，即成为科学共产主义的创始人”[①]。

孙伯鍨和张一兵等人代表的文本学解读方法也是国内比较典型的研究范式。1986年，面对西方思潮纷至沓来的形势，孙伯鍨教授提出“回到马克思”的口号。在其著作《探索者道路的探索》中，开启了结合马克思恩格斯历史语境和思想资源进行经典作家文本思想研究的方式。针对青年马克思思想转变的问题，孙伯鍨提出“两次转变论”，认为列宁所谓的“两大转变”只是第一次重大思想转

① 黄楠森:《马克思主义哲学史》第1卷，北京出版社1996年版，第506页。

变，即从唯心主义转向费尔巴哈式的人本学唯物主义，从民主主义转向一般共产主义。但此时的思想转变不是自觉产生，此时的共产主义也不等于科学社会主义。马克思这时虽然已经转变到唯物主义和共产主义的立场上，但这还不是辩证唯物主义和历史唯物主义，也不是科学共产主义。[①] 第二次格式塔式的转变则是经由《评李斯特》一文，初创于《关于费尔巴哈的提纲》，完成于《德意志意识形态》《马克思致安年柯夫》和《哲学的贫困》。张一兵也进一步认为，没有深入政治经济学批判，马克思就不可能摆脱人本主义影响。他在 1999 年出版的《回到马克思——经济学语境中的哲学话语》，正式开启了国内马克思主义文本学研究范式，书中对《德意志意识形态》也进行了文本和话语结构的分析。张一兵认为，文本学“是对文本思想内容的学术理解和深层逻辑结构的认识，这是基于文献学又超越文献学的一种科学努力。文本学不同于文献学的本质性差异，就在于文本学的基础是从主要文

① 孙伯鍨：《探索者道路的探索》，北京师范大学出版社 2017 年版，第 160 页。

献事实出发的创造性的独立思考”[①]。

聂锦芳与韩立新代表的文献学研究是近年来国内学界兴起的又一个重要研究范式。为了解决对经典作家的理解和阐释，加入了过多的现实考量和情绪成分的问题，避免“言说马克思的人越来越多，‘挖掘’和阐释的思想越来越新颖，但马克思本来的形象和思想却越来越模糊，人们对他的文本越来越不熟悉”[②]，一些学者选择了把马克思及其文本和思想当作一种单纯的学术研究对象来看待的文献学研究方法。

聂锦芳认为，完整的文本研究应当包含前后相续而又相互支持和融通的三个步骤或环节，即版本考证、文本解读和思想研究。主张通过对具体文本写作过程、刊布情形和版本源流等方面所进行的考察和梳理，对构成文本的各个具体章节所进行的翔实的剖析和解读，达到思想研究的意旨和归宿。[③]

---

① 张一兵：《文献学与马克思主义基本理论研究的科学立场——答鲁克俭和日本学者大村泉等人》，载《马克思主义研究资料》第 1 卷，中央编译出版社 2014 年版，第 402 页。

② 聂锦芳：《批判与建构：〈德意志意识形态〉文本学研究》，人民出版社 2012 年版，第 1 页。

③ 聂锦芳：《版本考证与文本解读、思想研究的关系辨析——以〈德意志意识形态〉为例》，载《马克思主义与现实》2007 年第 3 期。

这也是目前学界研究的一个重要方向，主张回归经典，回到马克思。很多学者在结合文本的情况下对《德意志意识形态》中的思想和写作过程重新进行了考察。聂锦芳对《德意志意识形态》文本做了专门的深度耕犁，认为《德意志意识形态》的写作显示出马克思的思想达到新的高度，这是他多年思考、探索的结果，也是一个艰难的剥离与建构过程的完成。以文献材料为依据，对这一著作撰写之前马克思思想的演变进行了新的梳理。首先对马克思主义哲学史研究中长期流行的“两个转变”的诠解框架与批判模式提出质疑，然后具体分析了马克思与青年黑格尔派之间近十年复杂的思想纠葛、他们理解世界的方式从深受影响到发生歧见一直到最后决裂的关键环节，特别是以马克思十部文本的写作勾勒出他的思想达到《德意志意识形态》的水准、走上独立化发展道路之前所经历的艰辛过程。[①] 并且根据翔实的文献资料和最新研究动态梳理了这一文本原始手稿的保存和归档情况、从零散刊布到全书出版的过程、《费尔巴哈》一章的不同版本以

① 聂锦芳:《思想的传承、决裂与重构（下）——〈德意志意识形态〉创作前史研究》，载《河北学刊》2006 年第 5 期。

及 MEGA2 的编排设想和编排顺序，以及对其写作过程、刊布情形及版本源流等方面所作的考察和辨析。[①] 对传统的研究方法进行了批判，认为“它不是一部计划中的、完整的著述，即事先并没有经过十分严密的通盘考虑和筹划，而是由多个事端引发，写作计划和框架结构几经变动、更改，由若干写法不同、篇幅长短不均的章节所组合而成的相当松散的著述，并且最终也没有全部完成并出版”。[②] 正因为如此，仅仅根据编辑而成的看似“完整”的著作进行解读，或者依据只言片语便对其思想进行概括和评论，都会造成误读和歧解。改变这一状况的关键在于对文本的写作过程、刊布情形、版本源流进行深入考证。他还通过仔细甄别“世界历史”这一概念在各个出处中的具体含义，概括和抽象出全书关于这一思想的基本观点，即“世界历史”不是观念史、思想史和哲学史，而是真实存在的社会运动；它也不是以往所有事件的记录、罗列和展示，

① 聂锦芳：《文本的命运（上）——〈德意志意识形态〉手稿保存、刊布与版本源流考》，载《河北学刊》2007 年第 4 期。

② 聂锦芳：《未完成的文本如何表述思想？——对〈德意志意识形态〉写作过程的考察》，载《现代哲学》2006 年第 6 期。

而是经过“过滤”的世界发展重大趋向的表征和体现；其推进力量是“现实的人”所进行的生产活动与人们之间的交往关系；它的当代发展打破了国家和民族的界限，使资本（主义）与共产主义都打上“世界性”印记。[①]并且通过对《德意志意识形态》这一著述中的三个片段的解读，甄别了马克思、恩格斯论述问题的逻辑和方式，把握了其进行思想论战的特征和思路，指明他与鲍威尔思想之间的纠葛源于两者观照、理解和把握世界的方式有巨大差别，分析了马克思如何在《德意志意识形态》中彻底了断了与布鲁诺·鲍威尔的思想关系。[②]

韩立新长期关注《德意志意识形态》文献学研究的进展，特别是对日本学界比较熟悉，并且对其编辑《费尔巴哈》问题、市民社会问题、卡尔·马克思问题、马克思和恩格斯问题等有许多独到的见解。韩立新认为，一般说来，在任何一个哲学学

---

① 聂锦芳：《重新理解〈德意志意识形态〉中的“世界历史”思想——从马克思“世界历史”思想的当代研究谈起》，载《江海学刊》2008年第2期。

② 聂锦芳：《马克思是怎样了断与鲍威尔的思想关系的——对〈德意志意识形态〉三个片段的解读和分析》，载《北京行政学院学报》2007年第3期。

科，对经典著作的研究都应该处于该学科最基础、最核心的地位。但改革开放以来，相对于西方哲学和中国哲学等学科注重基础性文本研究，并初步形成一套学术规范和学术风气而言，马克思主义哲学学科却一直不能真正地“回到马克思”，不能营造出注重对经典文献解读和研究的学术氛围。结果使我国马克思主义研究出现缺少系统解读马克思主义经典文献的著作和缺少对正在出版的MEGA2的系统研究的问题。①

四、焦点问题

《德意志意识形态》是马克思主义哲学史上的重要篇章，但长期未能公之于众，而是被“交给了老鼠的牙齿去批判”，如此重要文献的缺失，必然会影响人们对马克思主义的理解。加上著作本身又只是未完成的手稿，它的极端重要性和极度不完整性叠加在一起，因此一经发表，必然会在文献考证和思想内容各方面因其学界的争论，产生一些焦点问题。

---

① 韩立新:《新版〈德意志意识形态〉研究》，中国人民大学出版社2008年版，第3—4页。

1.《德意志意识形态》文献学研究问题

由于《德意志意识形态》在马克思和恩格斯生前没有公开出版，特别是由于其最重要的部分“费尔巴哈”章的手稿完成度低，而且状态复杂难辨，从文献学的角度来看，如何来编排这部手稿，以及如何依据这部手稿来探寻历史唯物主义的创立过程是马克思主义研究史上一个十分重要的课题群。文章的编排对内容的理解具有重要作用，不同版本的编辑者根据自身的主要着眼点出发，从而引发了各种不同的理解和观点。1965 年，广松涉就在季刊《唯物论研究》上发表了《〈德意志意识形态〉编辑上的问题》的论文，开创了日本研究《德意志意识形态》文献学的先河，同时也在世界范围内产生了影响。

由于手稿没有最终定稿，《德意志意识形态》的版本问题一直是学界研究的重要议题，出现了多个版本。学界不少学者在论著中都对此进行了梳理。张一兵在《文献学语境中的〈德意志意识形态〉》代译序中，韩立新在《〈德意志意识形态〉的文献学研究和日本学界对广松版的评价》一文中，魏小萍在《探求马克思——〈德意志意识形态〉原文文本的解读与分析》一书中，孙云龙在《“生活”的发现与历史唯物主义的形成——〈德意志意识形态〉研究》一书中都进行了梳理。根据学界的总结，《德意志意识形态》的编排主要有以下几个版本。

一是梁赞诺夫版。“费尔巴哈”章的德文手稿第一次出版是在1926年，发表于《马克思恩格斯文库》第1卷中。这一版本是由当时苏联的马克思恩格斯研究所第一任所长梁赞诺夫主持出版的，因此也称作梁赞诺夫版或简称梁版。这一版本采取的是将手稿的修改过程如实地排成铅字的方案，即把恩格斯和马克思几次修改、删除的内容也直接印在正文中。二是阿多拉茨基版。这一版本是由梁赞诺夫的后任阿多拉茨基主持编辑出版的，因此也称作阿多拉茨基版或阿版。阿版第一次把《德意志意识形态》的两卷手稿一起发表，“二战”后被世界各国翻译，成为对世界影响最大的《马克思恩格斯选集》和《马克思恩格斯全集》的底本。这一版无视作者标注的页码序号，人为地进行了编排，从文章的构成来看已经和原稿有了天壤之别。从尊重原作者的角度来看，这是很严重的问题。因此日本学者广松涉评价该版本为“先把手稿拆得七零八碎，然后用浆糊和剪刀进行剪贴”“事实上等于伪书”[①]。三是巴加图利亚版。1965年由苏联学者巴加图利亚重新编排准备，由勃鲁什林斯基编辑出版了新翻译的《德意志意识形态》第一章手稿，发表在《哲学问题》杂志1965年第10期和第11期上，该版本也被称为巴加图利亚版（俄文版）。四是1966年由东德当局出版的新德文版。这一版本省去了关于删除、修改、增补以及马克思和恩格斯笔迹的详细记载，因此，韩立新认为“其史料价值不高”[②]。五是MEGA2的试行版。1972年，苏联和东德的马克思主义研究所又在新德文版的基础上发表了“费尔巴哈”章的新MEGA试刊版，这一版本首次按照手稿的写作方式采取了左右两栏的排版方式，将没有指定插入位置的增补内容都排印在右栏。六是广松涉版。1974年，广松涉按照手稿的内容结构编排了《德意志意识形态》。但他这样做将不可避免地掺杂进编者的主观意图，因为对内容结构的理解属于编者的主观范围，尽管这样做可以使手稿更具有完整

① ［日］《广松涉全集》第8卷，岩波书店1997年版，第426页。

② 韩立新：《〈德意志意识形态〉的文献学研究和日本学界对广松版的评价》，载《中国社会科学》2006年第2期。

性。七是服部文男版。1996年服部文男发表《新译〈德意志意识形态〉》，改进了广松涉版没有对照原始手稿和译文晦涩的问题。八是涩谷正版。1998年涩谷正发表《草稿完全复原版〈德意志意识形态〉》，因为是在照片复印和原始调查的基础上完成的，更接近原文。九是MEGA2的先行版。2004年新MEGA又出版了《德意志意识形态》的先行版，在手稿的排序上，先行版决定不再把《德意志意识形态》手稿编辑成一部完整的著作，而是尊重各篇手稿和刊印稿的原貌，严格按照手稿的写作时间顺序排序。

其中，广松涉版因其开创性的作用，受到赞扬和批评都很多。张一兵和小林昌人等人给予了比较积极的评价，张一兵根据广松涉的版本双联页排印，区分原稿和誊写稿，用不同字体将马、恩的内容区分开来，提供了德文原版等改进，以及第一次向我们呈现了马克思主义经典文本的文献学语境，认为“广松涉的这个文献版是整个马克思主义经典文献研究领域中最重要的版本比较研究的成果”[①]。

① ［日］广松涉:《文献学语境中的〈德意志意识形态〉》，彭曦译，南京大学出版社2005年版，第12页。

但也有人提出相反的意见，鲁克俭指出张一兵存在过度拔高广松涉等问题，认为“马克思文本解读”研究不能无视版本研究的新成果。[①]大村泉等人也认为张一兵对广松涉的赞扬言过其实，因为“广松涉未能理解 MEGA2 版中异文一览的核心部分，即‘改稿过程一览’中的异文标注，没有将阿多拉茨基之后四十年对手稿的解读，特别是关于改稿过程的研究成果的核心部分吸收到河出书房版之中，使研究史的水准倒退到四十年前”[②]。小林一穗同样对广松涉做了有限度的肯定，认为“作为权宜之策，我们可以使用广松版。但是，广松版在《费尔巴哈》的编辑方针上仍存在着很大的问题”[③]。

版本问题主要涉及编辑的两种思路，一种是以写作时间为顺序，偏重文章的连贯与通顺，以陶伯特等人的新 MEGA 版为主要代表；一种是以文本内

① 鲁克俭:《“马克思文本解读”研究不能无视版本研究的新成果——评张一兵〈文献学语境中的《德意志意识形态》〉代译序》，载《马克思主义与现实》2006 年第 1 期。

② ［日］大村泉等:《MEGA2〈德意志意识形态〉之编辑与广松涉版的根本问题》，载《学术月刊》2007 年第 1 期。

③ ［日］小林一穗、韩立新:《〈德意志意识形态〉“费尔巴哈”章的文献问题》，载《南京社会科学》2005 年第 8 期。

在的逻辑为顺序，偏重反映文章的思考过程，以巴加图利亚版和广松涉版为代表。其实，这两种方案都存在问题。“费尔巴哈”章的编辑无法完全按照马、恩的写作时间顺序加以确定，但如果按照逻辑顺序，又将不可避免地掺入编辑者对文本的主观理解，从而破坏《德意志意识形态》原始手稿的客观面貌。韩立新认为：“在排序方式上，两者各有利弊，难判优劣。但是在排版方式上，新 MEGA 适用于一般读者，因为它在正文中只印最终的文字，读起来比较方便；而对于研究者来说，广松版要优于新 MEGA 的试刊版和先行版，更具有实用性，因为在广松版中，我们可以直观到“费尔巴哈”章的形成过程。”[①] 总体而言，版本考证的努力与原始风貌在不断趋近。但版本考证也容易存在误区——把思想的问题还原为物理问题。文本的编辑必须要有思想的介入，物理还原固然重要，但最主要的，无疑还是思想的还原。

2. 卡尔 · 马克思问题

卡尔 · 马克思问题实际上是马克思思想发展的

---

① 韩立新：《〈德意志意识形态〉的文献学研究和日本学界对广松版的评价》，载《中国社会科学》2006 年第 2 期。

延续性问题，这一问题最早由日本学者内田义彦提出。学界一般根据1859年马克思在《〈政治经济学批判〉序言》中对他本人研究历程的回顾，把从写作《1844年经济学哲学手稿》到《德意志意识形态》时期独立划分为马克思恩格斯思想转变的一个重要时期，这一时期马克思和恩格斯“清算”了他们此前的哲学信仰，走上了独自创立自己世界观的历程。而贯彻这一时期的一个重要理论就是“异化理论”，这一理论不仅是经济学问题，也是哲学的问题，涉及马克思和恩格斯的历史观思想。因此，学界也十分关注《德意志意识形态》中的异化理论问题。关于这一问题，主要有断裂说、转化说和不变说三种观点。

最初，断裂说的代表是阿尔都塞，他提出了“认识论断裂”说，认为马克思由“意识形态”转向了“科学时期”。转化说的代表是广松涉，他提出“从异化论逻辑转向物象化逻辑”假说，认为从《德意志意识形态》开始，马克思已经放弃了黑格尔左派的那种基于主客关系模式的异化概念，转而使用所有制、分工、交往、生产力、市民社会、生产关系、阶级等物象性范畴，开始用科学的物象化逻辑分析资本主义，描述人类社会的发展规律。

国内学界也基本是持“转化说”的观点。黄楠森认为，马克思和恩格斯在《德意志意识形态》中根据自己系统阐述的唯物主义历史观，为共产主义提供了科学的哲学论证。《德意志意识形态》中共产主义学说关于革命阶级的地位、利益和作用的理论表达，这个最初的总括性结论，已经同用人的异化来说明共产主义的思辨学说不可同日而语了。① 孙伯鍨认为，马克思为了揭示人类历史发展的客观规律，不得不丢开以“异化劳动”为中心概念的历史理论，引进了实践的观点，既克服了费尔巴哈唯物主义的直观性和形而上学性，又克服了黑格尔辩证法的唯心主义性质，通过唯物地改造异化概念阐明历史辩证法，进而达到辩证唯物主义和历史唯物主义。② 陈先达和靳辉明认为，异化概念在《德意志意识形态》中有一个事实是十分清楚的，当马克思制定出科学的唯物主义历史观，并把它作为说明社会历史现象的最根本的理论基础时，异化不仅在

---

① 黄楠森：《马克思主义哲学史》第 1 卷，北京出版社 1996 年版，第 461—462 页。

② 孙伯鍨：《探索者道路的探索》，南京大学出版社 2002 版，第 283 页。

形式上已不再是马克思分析问题的出发点和主要方法，而且它本身也只是由于生产力和生产关系辩证运动规律的发现才得到真正科学的解释。西方“马克思学家”，表面维护马克思的“异化”学说，以“青年马克思”的坚决保卫者的姿态出现，实际上反对马克思的历史唯物主义的最基本的内容。在他们看来，马克思主义就是“披着末世学外衣的人本主义”，是一种新型的神学和伦理学。马克思的唯物主义历史观也就被他们歪曲成“人本学的历史观”[①]。张一兵认为，青年马克思的思想发展进程中存在两条逻辑：一是从先验主体出发的人本主义异化史观的（“应该”）主体辩证法逻辑，二是从现实工业生产出发去观察社会历史的逻辑（“是”），这两种逻辑具有不同的性质，展现了由《1844 年经济学哲学手稿》中的人学现象学逻辑走向《神圣家族》中的现实逻辑，再到《关于费尔巴哈的提纲》中的实践观点和《德意志意识形态》中的生产观点，产生了广义的历史唯物主义。因此，我们不能以对待阿尔都塞的方式去考察青年马克思的思想

① 陈先达、靳辉明：《马克思早期思想研究》，中国人民大学出版社 2016 年版，第 259—264 页。

发展，简单地认为是“认识论的断裂”就可以解决的；也不是像一些学者所认为的那样，以为从人本主义出发，就可以对马克思的思想发展进行科学的梳理。[①]刘同舫和史英哲通过对比《1844年经济学哲学手稿》和《德意志意识形态》两个文本，发现马克思对异化劳动概念的使用频率明显不同，认为在《1844年经济学哲学手稿》中异化劳动作为基本概念贯穿全文始终，《德意志意识形态》中的异化劳动似乎已被边缘化，仅作为“借用概念”偶尔提及。关于异化概念被边缘化的使用问题，是马克思有意为之，他试图实现从自身异化思想的先验性、表面性、不彻底性到隐藏在背后的根源性揭示。[②]

“不变说”的主要代表是俞吾金，他反对“异化理论在成熟时期的马克思哲学中只起着边缘性的、无足轻重的作用”的观点，认为异化理论是贯穿马克思一生哲学思考的基本理论，这一理论在马克思哲学中拥有基础性的、核心的地位和作用。并且指

---

① 张一兵：《马克思哲学的历史原像》，人民出版社2009年版，第195页。

② 刘同舫、史英哲：《历史深处的未来想象——马克思从〈1844年经济学哲学手稿〉到〈德意志意识形态〉理论立场的转变》，载《甘肃社会科学》2014年第1期。

出在《德意志意识形态》和马克思以后的其他著作、手稿中，马克思仍然继续使用异化、异化劳动这样的概念，只不过有些作品中使用得少一些。马克思之所以这样做，理由很简单，因为普通的读者不容易理解异化这一概念，而在写给自己看的手稿中，马克思则比较频繁地使用这一概念。①

3. 马克思和恩格斯关系问题

众所周知，《德意志意识形态》是马克思和恩格斯共同完成的作品。长期以来，学界几乎是坚持"一致说"，无差别地对待马克思和恩格斯的贡献。只是根据恩格斯的说法认为马克思创立了唯物史观，而唯物史观又诞生于《德意志意识形态》，因此，这一主张应该由马克思主导完成。但是，1965年广松涉发表了《〈德意志意识形态〉编辑上的问题》一文，根据手稿的笔迹主要来自恩格斯这一事实和相应的理论分析，提出了一个《德意志意识形态（第一章）》是在恩格斯的主导下完成的"假说"，从而改变了过去无视其在第一章"费尔巴哈"手稿写作中的分担，笼统地将二者的思想看成毫无

① 俞吾金：《被遮蔽的马克思》，人民出版社2012年版，第116—118页。

差别的研究范式。

马克思和恩格斯关系问题实际上是马克思和恩格斯在思想上有无差异的问题。对这一议题，学界有一致说、差异说甚至对立说。主流的一致说的提出者是恩格斯本人，他在晚年曾多次强调他与马克思的一致性，并谦虚地称自己是“第二小提琴手”，是马克思著作的阐释者和宣传者。恩格斯在《路德维希·费尔巴哈和德国古典哲学的终结》一书中有一个说明：“我和马克思共同工作40年，在这以前和这个期间，我在一定程度上独立地参加了这一理论的创立，特别是对这一理论的阐发。但是，绝大部分基本指导思想（特别是在经济和历史领域内），尤其是对这些指导思想的最后的明确的表述，都是属于马克思的。”[①] 列宁也支持恩格斯的说法，认为恩格斯是马克思最忠实的战友，跟马克思拥有“共同的精神生活”，甚至称《资本论》第2卷和第3卷是马克思和恩格斯共同的著作。[②] 可见，对马克思和恩格斯关系问题传统的回答是他们的思想是一

① 《马克思恩格斯文集》第4卷，人民出版社2009年版，第296—297页。

② 《列宁选集》第1卷，人民出版社2012年版，第95页。

致的，而且马克思承担了主导的角色。日本学者细谷昂也认为，写作《德意志意识形态》以前，马克思和恩格斯“在理论本质上存在着一定的差异和观点的对立是很自然的事情，但两人在基本思想一致的前提下，各持己见，相互争论，扬弃到更高的水平，从而到达‘同一个结论’的看法也是妥当的”①。即是说，他也认为马克思和恩格斯思想是基本一致的。

俞吾金认为“马克思主义的创始人”这一概念广义上指马克思和恩格斯，狭义上就是指马克思。由于在以往的研究中，马克思和恩格斯关系问题本身就是一个禁区。人们总是不厌其烦地谈论着马克思与恩格斯的一致性，完全无视他们之间在思想上存在的明显的差异。恩格斯的研究视角的出发点是从自然社会到人类社会，导致后期认为马克思哲学就是辩证唯物主义，辩证唯物主义以自然作为自己的研究对象，而把辩证唯物主义推广和应用到人类社会中去，就产生了历史唯物主义。尽管恩格斯把历史唯物主义看作马克思的两大发现之一，但由于

---

① 杨金海：《马克思主义研究资料：〈德意志意识形态〉研究》，中央编译出版社 2013 年版，第 182 页。

历史唯物主义是奠基于辩证唯物主义之上的，这就大大缩小了马克思哲学革命的伟大意义之所在，把他的哲学思想仅仅理解为在辩证唯物主义的基础上“推广”出来的一个应用性的成果。[①] 韩立新也反对那种一味地把马克思和恩格斯看成完全一致的观点，认为“不加分析地把马克思和恩格斯的思想看成完全一致，并不利于我们加深对马克思、恩格斯思想的理解，实际上可能限制我们对经典著作的深入解读和研究”[②]。他还进一步提出，研究“马克思和恩格斯关系问题”，除了根据两人分别独立完成的著作，从宏观上分析他们的思想异同以外，还有一个对他们合作的手稿进行实证分析的研究方法，《德意志意识形态》就是一个最典型的案例。《德意志意识形态》是以手稿的形式留下来的第一手材料，整个文本特别是在“费尔巴哈”章中，绝大多数笔迹都来自恩格斯，马克思的笔迹只限于对恩格斯笔记的修改和增补。从两人的笔迹我们可以直观

① 俞吾金：《用差异分析法研究马克思的学说》，载《哲学动态》2004 年第 12 期。

② 韩立新：《新版〈德意志意识形态〉研究》，中国人民大学出版社 2008 年版，第 24 页。

到，他们在对一些问题的看法上还存在着分歧，甚至对立。也就是说，他们之间是存在一些细微差别的。

如果他们之间确实存在差异，具体到《德意志意识形态》中就存在这样一个问题——这部著作究竟是在谁的主导下完成的？对此学界主要有三种观点。一种是广松涉提出的“恩格斯主导说”，这种看法普遍不被接受，因为如果恩格斯主导了《德意志意识形态》的创作，那么更深层次的就是恩格斯主导创立了唯物史观，这与恩格斯本人的说法以及学界基本认识是相悖的。因此，这种观点更多被当作广松涉为了引起大家注意这一问题而夸大的说法。另一种是望月清司的“有差别的合作说”，他认为马克思和恩格斯不分主次，是他们有差别合作的成果。他根据对马克思和恩格斯的不同笔迹以及他们各自思想脉络的研究，提出了马克思和恩格斯在《德意志意识形态》中对分工概念以及对共产主义的理解上存在着明显差别的结论。[①] 正统的观点是以“费尔巴哈”章最早的编辑者梁赞诺夫为代表

---

① ［日］望月清司：《马克思历史理论的研究》，韩立新译，北京师范大学出版社 2009 年版，第 14—15 页。

的“马克思主导说”，他从“费尔巴哈”章的笔迹大多出自恩格斯之手这一事实出发，提出了手稿是由马克思口述、恩格斯书写的“马克思口述说”。他的这种解释是否准确已无从考证，但在理论上是最说得通的，因此也最为学界所接受。中川弘也指出：“我们至少可以推断，在获得唯物主义历史观的基本视角和坐标以及由此出发展开‘史论’上，发挥‘主导性’的与其说是恩格斯，还不如说是马克思。”[①] 国内学者如黄楠森也赞同“马克思主导说”，他指出：“《德意志意识形态》中的新思想几乎都是马克思的。”[②] 姚顺良也指出：“马克思在《德意志意识形态》的写作，从而在马克思主义形成的关键过程中起了主导作用。”[③] 大泉村等人以“费尔巴哈”章原始手稿图片和MEGA2先行版及MEGA2 I/5卷所公布的“费尔巴哈”章高度精确的判读文本为文献依据，以马克思、恩格斯创作过程中产生的

① 杨金海：《马克思主义研究资料：〈德意志意识形态〉研究》，中央编译出版社2013年版，第244页。

② 黄楠森：《马克思主义哲学史》，高等教育出版社1998年版，第165页。

③ 姚顺良：《论马克思在〈德意志意识形态〉写作中的主导作用》，载《马克思主义研究》2007年第5期。

“即时异文”与“后续异文”区分为切入点，考证了 H5c 基底稿写作过程中产生的即时异文数量及其特征后得出了对梁赞诺夫的支持性结论：这部分基底稿的笔迹或字体虽然完全出自恩格斯，但文本反映出的写作习惯接近马克思的写作习惯，明显偏离了恩格斯单独写作的手稿。可以认定，H5c 及“费尔巴哈”章手稿整体的写作是由恩格斯根据马克思的口述做的笔记。①

4. 现实的个人：历史唯物主义的出发点问题

马克思、恩格斯对青年黑格尔派，也即是“德国意识形态家”们最不满意的地方就在于他们只停留在思想领域，“对对象、现实、感性，只是从客体的或者直观的形式去理解，而不是把它们当作感性的人的活动，当作实践去理解，不是从主体方面去理解”②。这就导致他们所谓的批判都是幻想的斗争、空洞的词句。因此，马克思、恩格斯提出：“我们开始要谈的前提不是任意提出的，不是教条，

① ［日］大村泉、盛福刚、陈浩：《〈德意志意识形态〉“费尔巴哈”章作者身份问题再考察》，载《武汉大学学报（哲学社会科学版）》2019年第2期。
② 《马克思恩格斯文集》第1卷，人民出版社2009年版，第499页。

而是一些只有在臆想中才能撇开的现实的前提。这是一些现实的个人，是他们的活动和他们的物质生活条件，包括他们已有的和由他们自己的活动创造出来的物质生活条件。”① “现实的人”既是批判“德国意识形态家”的前提，也是历史唯物主义的出发点。

一般认为，现实的个人首先是实践的个人，是进行物质生产实践的个人。科尔纽认为：“马克思和恩格斯从生产活动在人类生活的组织和发展中所起的作用这一思想出发，用人与自然和社会环境的统一这个唯物主义观点，代替了黑格尔的主体与客体在理念中的统一这个唯心主义观点。他们这个观点是从历史发展过程中由于生产而在个体人、自然与社会中建立的种种关系归结起来的。”② 德国学者赛德尔也指出，这是一些社会地、历史地形成的个人。在马克思看来，出发点既不是实体，也不是自我意识，而是人的感性的对象性的活动，即劳动，

---

① 《马克思恩格斯文集》第1卷，人民出版社2009年版，第516—519页。

② ［法］奥古斯特·科尔纽：《马克思恩格斯传》第3卷，管士滨译，生活·读书·新知三联书店1980年版，第215页。

社会实践。[1]他将社会实践理解为现实的个人的前提和基础。

国内学者也基本持类似观点。赵常林认为："马克思和恩格斯与德国的批判的根本区别不在于他们提出现实的人作为历史的前提和理论的出发点，而在于他们对现实的人做出了科学的规定和说明，在于他们把人们的物质生产及物质生活条件作为自己的前提和理论的出发点，由于指出了现实的人本质上是进行物质生产的人，受物质生活条件制约的，这就真正地揭示了现实的人的本质，揭示了从现实的人出发的正确含义。"[2]孙伯鍨和张一兵认为，马克思对人的本质的探究经历了基于实践的基础，再到生产和生产方式的逻辑进程，"正是这种一定的生产方式历史地制约着现实的个人，制约着个人的全部生活和社会交往关系，而这些关系的总和，就构成了人的具体的历史的本质"[3]。

---

① 林进平主编：《马克思主义研究资料》第1卷，中央编译出版社2014年版，第442页。

② 赵常林：《理性与现实——〈德意志意识形态〉评述》，人民出版社1996年版，第24页。

③ 孙伯鍨、张一兵：《走进马克思》，江苏人民出版社2008年版，第145页。

对于如何更全面地理解现实的个人，汪信砚认为，现实的个人应该具有三个方面的规定性：第一，现实的个人是感性的个人。只有在这个意义上，现实的个人概念与德意志意识形态家们的精神性个人概念相对立。第二，现实的个人是整体意义上的个人。在此意义上，现实的个人概念与二元论的个人概念相对立。第三，现实的个人是具体的个人。在此意义上，现实的个人概念与抽象的个人概念相对立。[①]这种从文本批判的内容出发理解“现实的个人”，也是近年来的一种趋向。张奎良也指出：“现实的、具体的、历史的和发展过程中的人，不仅是马克思对人的定位，而且是观察历史和现实的唯一正确的出发点。从人看历史和世界，在现实人中窥视世界和历史的奥秘。”[②]孙云龙把“现实的个人”当作理解生活概念的一把钥匙，认为应该从五个方面理解现实的个人。第一，现实的个人不等同于生理学意义上的个别肉体存在；第二，现实

① 汪信砚、李志：《“现实的个人”：唯物史观的入口处——〈德意志意识形态〉的个人概念及其意义》，载《哲学动态》2007年第9期。

② 张奎良：《〈德意志意识形态〉的十大亮点——纪念〈德意志意识形态〉170周年》，载《求是学刊》2016年第6期。

的个人不等同于静止不动、脱离社会生活的抽象个人；第三，人的现实性是围绕其物质生活需要展开的生产活动，这是历史研究的起点；第四，任何人的生产活动必须在特定的自然条件下发生，这个条件就是物质生活条件；第五，现实的个人是个人与社会的统一，人类活动与自然界的统一，这个统一体就是物质生活。① 臧峰宇侧重从政治哲学的角度考察，他认为，从马克思哲学形成史的视角看，人学变革是马克思哲学变革的基础和核心，对“人”的研究是理解马克思哲学的重要路径。马克思对人的规定经历了由“异化”到“物象化”的转变，马克思在阐述人的解放、自由与全面发展的同时，自觉赋予其政治哲学意味，在“偶然的个人”通过“现实的个人”而逐渐成为“有个性的个人”这一历史进程中，政治实践始终“在场”并成为推动“人”生成的关键词。②

① 孙云龙:《生活的发现与历史唯物主义的形成:〈德意志意识形态〉研究》，复旦大学出版社 2011 年版，第 190 页。

② 韩立新:《新版〈德意志意识形态〉研究》，中国人民大学出版社 2008 年版，第 384 页。

5. 市民社会理论的问题

市民社会是马克思用于表现近代社会本质的最基本的概念，也是马克思在创立历史唯物主义的原初语境中使用最频繁的概念之一，它是马克思建构历史理论、完成政治经济学批判、展望共产主义的理论前提。早在1843年《黑格尔法哲学批判》《〈黑格尔法哲学批判〉导言》和《论犹太人问题》中，马克思就试图对国家和法权关系做出唯物主义的解释，并得出了“不是国家决定市民社会，而是市民社会决定国家”的著名论断。

在《德意志意识形态》中，随着马克思着手政治经济学的研究，对市民社会的认识也不断深化。陈先达和靳辉明指出了《德意志意识形态》中对市民社会概念的深化，认为“马克思从市民社会，即一般物质关系出发，进而从市民社会中划分出作为起支配作用的物质生产，最后从生产力和生产关系的辩证原理出发，把市民社会规定为生产关系的总和，并从国家和市民社会的关系，发展到上层建筑和经济基础的关系的原理，这是对市民社会认识深化的过程，也是经济基础和上层建筑学说形成的过程”[①]。对于《德意志意识形态》中市民社会理论的成熟度问题，学者们的认识还是存在一定差别。韩立新把马克思的市民社会概念及其市民社会历史观的形成分为早、中、晚三个时期，早期包括《黑格尔法哲学批判》《〈黑格尔法哲学批判〉导言》和《论犹太人问题》三个文本是马克思市民社会概念的形成期；中期包括《巴黎手稿》《德意志意识形态》和《哲学的贫困》是马克思市民社会概念的定型期；晚期主要体现在《资本论》及其主要手稿中，是马克思市民社会概念的成熟期。可见，他把《德意志意识形态》中的市民社会概念界定为定型期，还没有达到成熟。而孙伯鍨则直接跳过了韩立新界定的定型期，认为《德意志意识形态》中的市民社会概念已经成熟，他认为“在《德意志意识形态》中，由于从对生产方式的矛盾运动的分析中得出了生产关系的概念，使马克思发现了从社会物质生活出发说明国家和其他观念上层建筑的现实基础。虽然在阐述这个概念时，他仍然沿用了‘市民社会’这个术语，但是它已经具有十分具体和确定

① 陈先达、靳辉明：《马克思早期思想研究》，中国人民大学出版社2016年版，第269页。

的科学内容。实际上，它和马克思后来在《〈政治经济学批判〉序言》中所阐明的经济基础的概念是完全一致的”[①]。

韩立新还认为，市民社会包括了生产（劳动）、所有、分工、交往（交换）这几个构成要素。“如果让我们对市民社会的特征做一个总结的话，市民社会就是一个包括这四个要素的总体性范畴。……市民社会就是一个由生产、所有、分工以及交往所编织而成的社会组织，其本质在于商品的交换。”[②]在否定广松涉关于马克思和恩格斯在《德意志意识形态》写作的分工中“恩格斯主导说”的观点时，望月清司根据市民社会中的“所有”和“分工”两个要素，提出了一个著名的两种“史论”的思想——恩格斯主张“所有形态史论”、马克思主张“分工展开史论”。认为只有“分工展开史论”才是继承《巴黎手稿》思想并延续到《1857—1858年经济学手稿》的基本视角，是马克思历史理论的核心

① 孙伯鍨：《探索者道路的探索：青年马克思恩格斯哲学思想研究》，北京师范大学出版社2017年版，第342页。

② 韩立新：《新版〈德意志意识形态〉研究》，中国人民大学出版社2008年版，第202页。

内容。马克思和恩格斯的差异来源于他们对分工理解上的差异，即是把分工视为积极的肯定因素还是视为消极的否定因素，这成为马克思和恩格斯历史认识的分水岭。在恩格斯那里，所谓分工是私人所有，同时也是阶级统治，因此所谓历史只不过是所有制形式变化的历史，即“所有形态史论”，废除了私有制的共产主义当然就不可能存在着分工；而在马克思那里，所谓分工则是城市和农村的分离、农业和工业的分工，是劳动过程和交往体系中的分工如何发展到市民社会，以及市民社会如何为共产主义奠定基础的历史，因此是“分工展开史论”。如果说恩格斯强调的是一种阶级斗争史观；那么马克思则强调的是一种分工史观，或者说是一种生产力史观。一般被认为是互补统一的两种史观，在望月清司眼中成了二律背反。这种主张既引起了关注也引发了争议，无论是他的论敌广松涉，还是他的老师小林良正都没有赞同这一观点。不过，韩立新认为，不管这种划分必要与否，至少对于我们理解《德意志意识形态》，进而对我们理解马克思的历史理论都具有重要的方法论意义。[①]

6. 历史唯物主义的性质问题

《德意志意识形态》标志着马克思恩格斯思想转变的基本完成，创立了历史唯物主义。但这种历史唯物主义究竟是何种性质，如何确定其学科归属？2008 年，段忠桥教授在《马克思主义与现实》第 6 期发表《质疑俞吾金教授关于“实践唯物主义”的两个说法》一文，明确地提出了“历史唯物主义不是哲学而是真正的实证科学”[②]的观点。随后，两位学者就“历史唯物主义究竟是哲学还是实证科学”这一问题展开了争论，并且引发了学界广泛讨论。

俞吾金认为，由于翻译的问题，段忠桥误解了马克思在《德意志意识形态》“费尔巴哈”章中一段重要的论述，导致以为原文中马克思告诉我们，在德国思辨哲学终止的地方，只出现了一个新东西——“这一真正的实证科学”的新的历史学。实际上马克思告诉我们出现了两个新东西，还有一个

① 韩立新：《望月清司对马克思市民社会历史理论的研究》，载《南京大学学报》（哲学・人文科学・社会科学版）2009 年第 4 期。

② 段忠桥：《质疑俞吾金教授关于“实践唯物主义”的两个说法》，载《马克思主义与现实》2008 年第 6 期。

是取代德国思辨哲学的新哲学，即历史唯物主义。历史唯物主义乃是新的历史学的理论基础。因此，俞吾金提出，马克思创立的历史唯物主义是伟大的哲学理论，而不是实证科学知识，因为历史唯物主义正是以存在尤其是社会存在作为自己的研究对象的。把历史唯物主义曲解为实证科学知识，并强调它在方法论上主要诉诸“经验直观”和“描述”。显然，这一见解混淆了哲学与实证科学之间的界限，忽略了历史唯物主义蕴含的辩证法思想，以及这一思想的根本特征——批判性。应当消除这种错误观念的影响，恢复历史唯物主义作为划时代哲学理论的本来面貌和思想高度。事实上，历史唯物主义不但体现为理论思维与经验直观的结合，而且体现为以异化批判为核心的社会哲学理论。[①] 而段忠桥认为，由于马克思、恩格斯在《德意志意识形态》的相关论述中把哲学等同于以黑格尔哲学为代表的思辨的唯心主义哲学，并用“真正的实证科学”指称全新的考察方法，因而他们认为历史唯物主义不是哲学而是真正的实证科学。俞吾金教授以海德格尔

① 俞吾金：《历史唯物主义是哲学而不是实证科学——兼答段忠桥教授》，载《学术月刊》2009 年第 10 期。

对于哲学研究对象和实证科学研究对象的看法为依据，将历史唯物主义说成是一种形而上学或本体论哲学，这是对历史唯物主义的曲解，这种说法无论从文本依据上讲还是从逻辑上讲都不能成立。而且俞吾金教授为了证明自己的观点，对中央编译局《德意志意识形态》“费尔巴哈”章的相关译文所做的五处改译要么是画蛇添足，要么是错误的。[①]

张廷国和梅景辉试图调和这种争论，认为历史唯物主义是一种“具有哲学意义的实证科学”。首先，从马克思自身的思想旨趣而言，历史唯物主义并未在哲学和实证科学之间形成非此即彼的二元对立，而是在哲学的“逻辑前提”和实证科学的“事实前提”的互动中关注着现代人的生存境况及其历史性命运；其次，从区别于传统哲学的特质来说，历史唯物主义恰好是以人的感性实践为基础，论证并引领着人的自由与解放的“真正的实证科学”[②]。王晓升认为，马克思的历史观继承了黑格尔的历史

---

① 段忠桥：《历史唯物主义："哲学"还是"真正的实证科学"——答俞吾金教授》，载《学术月刊》2010 年第 2 期。

② 张廷国、梅景辉：《历史唯物主义是什么意义上的"实证科学"——由俞吾金教授与段忠桥教授之争所想到的》，载《学术月刊》2010 年第 2 期。

哲学，《德意志意识形态》中把“哲学”和“实证科学”对立起来时，实际上是把从意识出发的思辨唯心主义哲学和从感性的现实出发的唯物主义哲学对立起来。马克思在这里所说的“实证科学”并不是现代意义上的实证科学，而是一种哲学，即唯物主义历史观，这种历史观中也包含实证的要素。[①]钟晓宏持相同观点，认为学界关于如何理解历史唯物主义的科学性的争论和分歧，其根本缘由在于未能厘清马克思和当代实证主义关于“实证科学”的理解和定位的差异性。马克思所说的实证科学是建立在以批判思辨哲学为前提的实践基础上，以历史的感性发展过程为研究对象的历史科学，与当代实证主义不是一个概念。当代历史唯物主义深受实证主义将“科学”实证化的影响，甚至成为困扰当下马克思主义中国化的根本问题。文章指出必须扬弃当代科学实证化思潮造成的遮蔽，才能澄清历史唯物主义历史科学的本质。[②]

① 王晓升：《哲学或实证科学？——历史唯物主义理论性质热讨论之后的冷思考》，载《哲学动态》2011年第6期。

② 钟晓宏：《历史唯物主义与实证科学关系的思考》，载《前沿》2011年第15期。

舒远招分析了各方的核心观点，支持俞吾金“历史唯物主义是哲学”的观点，指出俞吾金的批评者们其实并不否认历史唯物主义是一种哲学，而只是反对他把马克思、恩格斯所说的“真正的实证科学”同作为哲学的历史唯物主义区别开来。同时，他还从《德意志意识形态》的文本出发，指出了俞吾金论证上的不足，并且进一步指出，马克思和恩格斯并没有在《德意志意识形态》中简单地把自己创立的历史唯物主义叫作“真正的实证科学”，而是将之称为“从对人类历史发展的考察中抽象出来的最一般的结果的概括”。这是一种直接取代“独立的哲学”的哲学理论即唯物主义的历史观。它以“真正的实证科学”为基础，同时又为“真正的实证科学”提供有助于排除其研究困难的、可以通过经验来验证的现实前提。[①]由此可见，学者们在核心观点其实并没有根本冲突，只是在特定时期、特定语境下对个别词句产生了理解上的偏差，从而导致了学术争论。

---

① 舒远招：《也谈历史唯物主义的学科归属问题——基于〈德意志意识形态〉的文本解读》，载《马克思主义与现实》2014 年第 4 期。

7. 意识形态性质问题

毫无疑问，意识形态是《德意志意识形态》中的一个重要概念。一般认为，特拉西最初提出“意识形态”这一概念时作为一种“观念的科学”更多侧重肯定的方面，到马克思那里则变成一种否定意义上的概念。马克思、恩格斯在《德意志意识形态》开篇就提出：“迄今为止人们总是为自己造出关于自己本身、关于自己是何物或应当成为何物的种种虚假观念。”[①] 可以看出，他认为“意识形态本质上是编造幻想、掩蔽现实关系的精神力量，是对社会现实的颠倒、神秘的反映”。但是，对于意识形态到底是什么，具有何种性质，马克思本人从来都没有系统而专门地探讨这个问题，他更多的只是在论述各种具体问题的时候表明了自己对具体的意识形态问题的见解。而且马克思在不同场合中使用的意识形态概念又存在细微差异，这些差异导致以后的学者在理论研究中往往从自己需要的角度去理解意识形态概念，并认为那就是马克思的意识形态理论。

在对意识形态的理解中，存在着“单一”和

① 《马克思恩格斯文集》第 1 卷，人民出版社 2009 年版，第 509 页。

“多种”的理解方式。西方学者、苏联学者和中国传统教科书的理解都是单一模式的，西方学者尤其是西方马克思主义从贬义上将马克思的意识形态概念理解为一种“虚假的意识”或“虚假的观念”，认为虚假性是意识形态的根本属性；苏联学者将马克思的意识形态理论归结为“阶级意识”，认为意识形态所表现的是一个确定的阶级的社会观念总体；中国传统教科书把马克思意识形态理论理解为“观念的上层建筑”。随着研究的深入，人们逐步更全面地看待马克思的意识形态理论。

有学者是从两个层面来理解马克思的意识形态理论，韩振峰认为马克思的意识形态分为唯心史观中的“德意志意识形态”和唯物史观中的“观念的上层建筑”。[①] 杨生平讲意识形态分为能指和所指两个方面，前者指意识形态理论存在的事实，也就是唯物主义所讲的意识形态，后者指意识形态理论的具体内容，也就是所谓“虚假的意识”[②]。郑永廷等人则认为，马克思的意识形态概念包括虚假观念、

① 韩振峰：《社会主义意识形态的本质体现——论社会主义核心价值体系》，载《理论视野》2008 年第 9 期。

② 杨生平：《意识形态相关概念辨析》，载《江汉论坛》1998 年第 7 期。

统治阶级的学说和观念的上层建筑三种。[①]

对于意识形态的性质，学界基本否认了“虚假的意识”的偏见。吴胜锋则从《德意志意识形态》文本出发，对马克思意识形态概念做了辨析，他认为，《德意志意识形态》中的马克思意识形态概念的含义具有丰富性、多维性。其中，除了通常人们认可的作为哲学批判的否定性意识形态概念外，马克思和恩格斯还表述了作为观念科学的以及观念性上层建筑的中性的，或肯定性的意识形态概念。甚至可以说，正是由于其意识形态概念含义的丰富性与多维性，才使马克思之后的各式各样的马克思主义意识形态理论形式及其演进路径成为可能。[②]王永贵认为意识形态概念包括唯心主义、统治阶级的学说和观念的上层建筑三种，第一、第二种意识形态具有虚假性和否定性，第三种意识形态则具有中立性。[③]李彬彬的观点对此有所差别，认为第一种意识形态具有虚假性和否定性；第二种意识形态作

---

① 郑永廷等:《社会主义意识形态发展研究》，人民出版社 2002 年版。

② 吴胜锋:《马克思意识形态概念辨析——基于〈德意志意识形态〉文本的解读》，载《马克思主义研究》2006 年第 6 期。

③ 王永贵:《对全球化背景下意识形态含义不同认识的考察与分析》，载《马克思主义与现实》2006 年第 2 期。

为批判的工具而表现为中性的意义；第三种意识形态则是在中性和肯定的意义上使用。[①] 俞吾金认为，我们当然不能完全否认意识形态的某些方面存在谎言与欺骗的虚假性，但马克思和恩格斯并不是从这样的角度出发来讨论“虚假的意识”问题的。在他们看来，如果意识形态全都是统治阶级挖空心思地编造出来的谎言，那它就是一触即溃的，根本不可能成长为长时期支配人们思想的精神力量。[②] 张秀琴认为，马克思从社会实践出发，规定意识形态本身“并无历史”，它来源于社会物质生活实践，因而也就不可避免地带有产生它的那个社会实践环境的特征。在阶级社会中，这就表现为：意识形态具有阶级性，而正是这种阶级性，使意识形态不可避免地具有“虚假性”和伪“科学性”；但同时，作为人类文化发展的载体，意识形态又具有自身的能动性，在具体的历史时期，构成意识形态的不同意识形式之间会表现出不同的张力—— 一般意识形

---

① 李彬彬:《马克思恩格斯意识形态概念再析》，载《哲学动态》2015 年第 6 期。

② 俞吾金:《意识形态论》(修订版)，人民出版社 2009 年版，第 139 页。

态和具体意识形态之间的矛盾。要想解决这些矛盾和问题，只有依靠无产阶级革命，实现共产主义制度。也就是说，无产阶级的阶级实践是意识形态走向现实的基本途径。[①]

8. 共同体理论问题

马克思在《德意志意识形态》中批判了以往“虚假的共同体”，但是他没有否定共同体本身，而是认为“只有在共同体中，个人才能获得全面发展其才能的手段，也就是说，只有在共同体中才可能有个人自由”[②]。因此，就必须建立一种新的共同体——自由人的联合体。马克思的共同体思想，既是源于现实生活中个人利益同国家利益冲突，受到压迫的现实思考，也是对唯心史观的批判和突破。学界主要探索了共同体理论与唯物史观的关系，并考察了这一思想发展的逻辑过程。

在共同体理论和唯物史观关系方面。秦龙认为，马克思并不是一般地谈论共同体，或是有意要建构一种共同体理论，他的“共同体”思想是在探

---

① 张秀琴:《马克思意识形态理论的当代阐释》，中国社会科学出版社 2005 年版，第 7—8 页。

② 《马克思恩格斯文集》第 1 卷，人民出版社 2009 年版，第 571 页。

索人类解放道路特别是唯物史观的创立、运用、验证、深化和发展的过程中逐渐形成的，是论证人类社会解放道路时所运用的范畴和工具。虽然马克思没有直接给共同体下过一个明确的定义，但在共同体问题上蕴含着马克思深厚的人文价值关怀，那就是人的自由发展。在标志唯物史观诞生的《德意志意识形态》中，马克思更是从与未来“真正共同体”——自由人联合体对比的视角表达了自己对共同体的独特理解和价值关怀。[①] 邵发军则反对把马克思的共同体思想当作唯物史观的创立、运用和发展的范畴工具和阶梯。他认为马克思的“共同体思想”不是唯物史观的验证和填充的实体，唯物史观与马克思的共同体思想的关系是紧紧相连的一种共生关系。[②] 他还从政治哲学角度分析了马克思对黑格尔基于国家决定市民社会的虚幻的理性国家观的反思与批判和普遍（公共）利益与特殊利益的矛盾分析了马克思的国家“虚幻共同体”思想，提出国

① 秦龙:《马克思对“共同体”的探索》，载《社会主义研究》2006年第3期。

② 邵发军:《马克思的“共同体思想”与唯物史观的关系探讨——兼与〈马克思对“共同体”的探索〉一文商榷》，载《社会主义研究》2009年第3期。

家治理中公共行政利他性最大化的要求。[①]

在共同体理论生成逻辑方面。胡寅寅认为，马克思对共同体的研究以市民社会与国家的分离为起点，通过对市民社会既积极又消极的双重特征的分析与考察，马克思建立了由市民社会过渡到真正的共同体的理论演进逻辑。在特殊利益与共同利益逐步一致和人的本质理论逐步展开的双重逻辑推动下，共同体必然从低级阶段向高级阶段发展。遵循这样的历史唯物主义发展逻辑，马克思共同体思想演进的最终归宿必然指向在真正的共同体中的人的自由全面发展。[②]陈东英等人认为，马克思的“自由人的联合体”思想为个人和社群的矛盾提供了科学的解决方案，个人的自由发展与共同体的和谐发展不是矛盾的而是一体的，两者统一于自由人的联合体中。自由人联合体理论是马克思政治哲学的重要组成部分，德国哲学家赫斯提出的“和谐共同体”思想促使马克思推进了哲学与经济学的内在联

① 邵发军:《马克思“虚幻”共同体思想视域下的国家治理研究》，载《社会主义研究》2014 年第 4 期。

② 胡寅寅:《马克思共同体思想的理论演进逻辑》，载《社会科学家》2013 年第 9 期。

结，把对共同体的论证逻辑从人本主义逻辑转换为历史生成逻辑，并将实现“自由人的联合体”的政治哲学理念奠基在唯物史观和实践辩证法之上。[①]马俊峰认为，马克思共同体理论是马克思政治哲学核心范畴，如果只把它看作社会学的范畴，马克思的“虚假共同体”和真实共同体就不能在政治哲学的语境之中获得很好的诠释，从而就无法将马克思政治哲学与西方政治哲学区别开来，也无法将马克思哲学与马克思政治哲学区别开来。[②]进而，他以文本为依据，分析了马克思从《博士论文》中个体开始反叛共同体，到《关于林木盗窃法的辩论》中反思国家共同体，《黑格尔法哲学批判》中透视国家共同体和市民社会共同体的关系，《1844年经济学哲学手稿》分析劳动异化导致人和共同体的双重异化，《德意志意识形态》批判了国家作为一种“虚假的共同体”，最后提出《共产党宣言》“自由人联合体”，展现了马克思批判反思原有虚假共同体，

---

① 陈东英、张伟：《马克思政治哲学的理论基础：以“共同体思想”为视角》，载《社会主义研究》2010年第4期。

② 马俊峰：《马克思社会共同体理论研究》，中国社会科学出版社2005年版，第19—20页。

建立新共同体的过程。①

显然，共同体是马克思在思想发展过程中的一个重要概念。共同体理论的产生，是与马克思批判现实和反思理论同步的。实践中遇到物质利益的难题，实际上包含着个体同群体利益的矛盾，理论上认识到原有的市民社会概念也因为国家同个人的颠倒而具有虚假性。因此，马克思要建立一个新的共同体，一个自由人的联合体——共产主义社会。

黄楠森指出，在《德意志意识形态》中，马克思和恩格斯根据自己系统阐述的唯物主义历史观，为共产主义提供了科学的哲学论证。他们清楚地看到，正像资本主义社会形态代替封建主义社会形态一样，共产主义社会形态也必然战胜资本主义社会形态。历史的这种进步趋势，决不依人们的主观意志为转移，它是由生产力和生产关系的矛盾决定的，是世界历史发展的结果。②孙伯鍨也认为，和历史唯物主义一样，科学共产主义的诞生是以《德

---

① 马俊峰：《马克思社会共同体理论研究》，中国社会科学出版社 2005 年版，第 87—133 页。

② 黄楠森：《马克思主义哲学史》第 1 卷，北京出版社 1996 年版，第 461 页。

意志意识形态》为标志的。如果说历史唯物主义是科学共产主义的理论基础，那么科学共产主义就是作为历史唯物主义的实际结论而产生的。在这部著作中，马克思和恩格斯一反过去的观点，首先洗刷了共产主义学说的伦理色彩。① 雷纳特·梅尔克尔认为，马克思、恩格斯瞩目于生产，这不仅同他们在此提及的反动经济学家划清了界限，而且同早期共产主义的理论家的观念划清了界限。他们根据生产的实际条件和人们的生产活动，更详细地确定了作为新社会形态的基础的物质关系，认识了生产力和生产关系之间的相互关系、社会发展的一般运动规律。他们把生产力和生产关系的矛盾引起的革命规定为历史的动力。这个一般结论必然也适用于共产主义革命，这个革命同样需要物质前提。对此马克思和恩格斯在他们以往的著作里也已多次指出。然而，在《德意志意识形态》里揭示和概括了生产力和生产关系的相互关系，从而也具有了科学分析和概括共产主义革命的前提的基础。②

① 孙伯鍨：《探索者道路的探索：青年马克思恩格斯哲学思想研究》，北京师范大学出版社 2017 年版，第 349 页。

② 林进平主编：《马克思主义研究资料》第 1 卷，中央编译出版社 2014 年版，第 488—489 页。

9. 分工理论问题

马克思、恩格斯在《德意志意识形态》中对他们早期的哲学思想进行了比较系统的清算，马克思在分析意识问题时提出了分工概念，认为“分工使精神活动和物质活动、享受和劳动、生产和消费由不同的个人来分担这种情况不仅成为可能，而且成为现实，而要使这三个因素彼此不发生矛盾，则只有再消灭分工”[①]。分工和同时出现的分配产生了私有制，实现共产主义必须消灭旧式分工。因此，分工概念成为唯物史观形成时期的核心概念之一。

对于分工理论的重要性，学界基本都予以了肯定。阿尔都塞认为：“分工在《德意志意识形态》中起着第一位的作用，因为分工对于整个意识形态和整个科学理论具有决定的意义。”[②]黄楠森认为，随着马克思思想的进一步深化，他发现历史上存在的社会分工，才是产生物质关系统治历史主体这种异己力量的真实原因。于是，他用对社会分工的研究代替了对异化劳动的研究，不仅正确解释了异化

① 《马克思恩格斯文集》第 1 卷，人民出版社 2009 年版，第 535 页。
② ［法］路易·阿尔都塞:《保卫马克思》，顾良译，商务印书馆 1984 年版，第 17 页。

这种社会历史现象，而且推动他科学地认识劳动生产与社会关系的辩证联系。从异化劳动到社会分工，再到揭示生产力和生产关系的矛盾，是他们早期思想发展，并终于敲开科学历史观之门的主导线索。①

虽然肯定其重要性，但是学界基本也认为此时的分工理论还不够成熟。不过在论证的角度以及何时真正成熟问题上观点并不十分一致。韩立新和马超从抽象和现实两个角度理解分工理论，认为《德意志意识形态》中的分工理论是在两个充满张力的逻辑层面上展开的：第一种逻辑即建立在异化劳动理论之上，并把分工等同于所有制形式的抽象分工理论；第二种逻辑则是从现实的生产活动出发，并建立在生产、交往等社会关系基础之上的现实分工理论。前一种逻辑用所有制形式来说明分工的发展，或者直接把私有制等同于分工，从而在道义上对分工进行了批判；而后一种逻辑则是以现实的分工来说明私有制的起源和发展，并将分工视为社会发展过程中不可或缺的原动力，从而不再简单地

---

① 黄楠森:《马克思主义哲学史》第1卷，北京出版社1996年版，第434、438页。

讨论“消灭分工”，取而代之的是客观的、具体的和历史的论述。但是，他也指出，此时马克思的分工理论还不够成熟。直到《哲学的贫困》以后，通过经济学考察明确区分出社会分工和行业内部分工——前者作为一种现实的社会关系贯穿于人类社会发展始终，后者则具有典型资本主义形态——马克思才真正说明了分工自身的发展特征及其对社会历史进程的根本意义。[①] 张一兵同样认为《德意志意识形态》中的分工理论还不够成熟，指出马克思此时对经济学分工问题的了解，还停留在斯密的手工业劳动分工的水平上，分析依然不够深入和准确。比如，马克思还无法正确区分社会分工和劳动分工的历史性生成，这里的分工概念更多的是一个准哲学的范式。但是，他认为直至《哲学的贫困》中马克思才清楚地辨析它们之间的差异。马克思对分工问题的科学解决，是在1857年以后的经济学研究中才真正完成的，在那里，他进一步区分了社会分工与企业内部的劳动分工。并且科学地指出公有制和自然共同体中的分工并没有产生“异化”，

---

① 韩立新:《新版〈德意志意识形态〉研究》，中国人民大学出版社2008年版，第229—248页。

而仅仅是那种在商品（市场）经济的特殊社会分工中才可能导致社会关系的颠倒和“异化”[①]。由此可见，学界普遍关注到了马克思和恩格斯在《德意志意识形态》中对分工问题的探讨，经典作家既看到了分工对财富生产的推动作用，也批评了分工体系下的异化劳动。尽管相对于他们成熟时期的作品，特别是深入研究资本主义政治经济运作机理后对分工问题的阐发，此时的分析还存在着许多不完善之处，却为后续研究奠定了重要基础。

10. 马克思恩格斯在《德意志意识形态》中的哲学变革问题

学界的普遍共识是，马克思在《关于费尔巴哈的提纲》中已经同旧唯物主义彻底划清了界限。而在《德意志意识形态》中，马克思和恩格斯已经比较系统地阐述了唯物史观。在谈论历史唯物主义时，《德意志意识形态》总是无法绕开的经典文献。邹诗鹏认为，作为新唯物主义，从《关于费尔巴哈的提纲》到《德意志意识形态》，马克思经历了侧重于批判费尔巴哈而强调实践观变革（也是哲学观

---

① 张一兵：《回到马克思：经济学语境中的哲学话语》，江苏人民出版社 2013 年版，第 472—473 页。

变革），到侧重于对黑格尔、费尔巴哈及施蒂纳等德国观念论历史观的系统批判这一相通却又细微的差别。[①] 同旧唯物主义相比，马克思的历史唯物主义无疑是一种巨大的哲学变革。实际上，在研究的进展中，学界关于历史唯物主义的认识也在不断深化中。

在《德意志意识形态》中，马克思已经把关于“世界何以可能”和“自由何以可能”的理性思辨，革命性地变革为关于“解放何以可能”的实践哲学，形成了以实践观点的思维方式理解和变革人与世界关系的世界观。[②] 因此，可以说马克思主义哲学是变革的哲学，是为变革现实资本主义，为人类解放宗旨的需要而产生的哲学。这也是马克思主义哲学发生变革，从对象、内容、功能等都产生新的转变的原因。也正因为如此，马克思、恩格斯提出“消灭哲学”。“消灭哲学”是消灭思辨的哲学传统，是哲学成为真正的世界观，而不是无所不包的抽象

---

① 邹诗鹏：《“实践唯物主义”与唯物史观的相通性——基于〈关于费尔巴哈的提纲〉与〈德意志意识形态〉的探讨》，载《马克思主义与现实》2015 年第 4 期。

② 孙正聿：《怎样理解马克思的哲学革命》，载《吉林大学社会科学学报》2005 年第 5 期。

原则。[①] 其实，如何理解马克思、恩格斯的哲学变革，也就是理解历史唯物主义的问题，这一直是理论界的一大难题。

关于唯物主义，首先存在一个“实践唯物主义”与“历史唯物主义”之间关系的问题，二者是互通还是断裂，应该如何称呼马克思的“新世界观”？这一问题曾引发学界激烈争论，近年来趋向于一种统一性的理解。吴晓明认为，马克思的“实践唯物主义”与“历史唯物主义”之间并未存在断裂，他指出：“马克思在1845年形成其新唯物主义及其实践观之后，‘立即’就在《德意志意识形态》中形成了唯物史观。”[②] 邹诗鹏也指出：“从思想史意义上讲，实践唯物主义与唯物史观是相通的，新唯物主义包含实践唯物主义，也涵摄了唯物史观，实践唯物主义的历史自觉，直接通向作为历史科学的唯物史观。但侧重面又有不同。前者偏重于主体及其活动，侧重于与旧唯物主义的区划及其批判；后者侧

① 陈先达：《哲学中的问题与问题中的哲学》，载《中国社会科学》2006年第2期。

② 吴晓明：《作为历史科学方法论的历史唯物主义》，载《中国社会科学》2008年第1期。

重于结构及其历史叙述，侧重于对德国观念论传统的批判……”[①] 张一兵指出：“在《提纲》中，马克思理论的直接出发点是实践，而在《德意志意识形态》中，马克思理论的直接出发点却是生产。这是一个理论逻辑的转换，这个转换使马克思完全地站在历史辩证法的客体向度上，完成了作为人类历史发展一般规律表述的广义历史唯物主义。”[②]

长期以来，历史唯物主义都被理解为辩证唯物主义从自然界到社会历史领域的推广和应用，这种传统教科书式的“推广说”无法解决马克思的历史唯物主义到底是“历史观”还是“世界观”的问题。孙正聿在《哲学研究》2007 年第 3 期发表的《历史的唯物主义与马克思主义的新世界观》一文，引发了关于历史唯物主义是“历史观”还是“世界观”的探讨。他认为，在对“历史唯物主义”的理解和阐释中，隐含着两条不同的解释路径和两种不同的解释原则：一种是把“历史”作为解释原则所

---

① 邹诗鹏：《“实践唯物主义”与唯物史观的相通性——基于〈关于费尔巴哈的提纲〉与〈德意志意识形态〉的探讨》，载《马克思主义与现实》2015 年第 4 期。

② 张一兵：《马克思哲学的历史原像》，人民出版社 2009 版，第 257 页。

构成的“历史”唯物主义的解释路径；另一种则相反，把“唯物主义”作为解释原则所构成的历史“唯物主义”的解释路径。不同的解释路径和解释原则，直接关系到如何理解和阐释马克思主义的“新世界观”。他进一步提出对历史唯物主义的理解，指出“历史唯物主义”是把“历史”作为解释原则或“理论硬核”的唯物主义，而不是把“历史”作为研究领域或解释对象的唯物主义。前一种理解方式是把历史唯物主义理解为马克思的唯物主义的“世界观”，而后一种理解方式是把历史唯物主义理解为马克思的唯物主义的“历史观”。实际上，他的观点是历史唯物主义是“世界观”而不是“历史观”。马克思、恩格斯的“新历史观”是作为马克思主义的“新世界观”而诞生的。[①]

李海荣针对这一观点提出了质疑，他认为，把“历史”当作解释原则而不是研究对象去理解马克思的“历史唯物主义”并不能根本解决历史唯物主义究竟在马克思主义哲学中占有什么位置这一争议性问题。他指出，传统教科书式的“推广论”给人

① 孙正聿：《历史的唯物主义与马克思主义的新世界观》，载《哲学研究》2007 年第 3 期。

一种对自然宇宙领域规律的认识才是世界观，社会历史领域就不是世界观的错觉。孙正聿想要通过把“历史”当作解释原则而不是作为研究对象的方法避开这一问题，其实也是陷入这种错觉的表现，实际上辩证唯物主义和历史唯物主义在世界观意义上并不互相排斥。因此，这样做是没有必要的。马克思哲学的世界观意义，应该在辩证唯物主义与历史唯物主义的统一中去理解。辩证唯物主义和历史唯物主义应该是一个整体，其内容无论是逻辑方面还是历史方面，都是不可分割地联系在一起的。据此，他认为纠缠于辩证唯物主义与历史唯物主义孰先孰后也是没有必要的。[①]

而孙正聿在回应中进一步认为，在对“世界观”的理解中蕴含着各不相同的解释原则，而揭示这些不同的解释原则是澄明各种不同的哲学世界观的前提，马克思正是以此区分旧唯物主义、唯心主义并建立新唯物主义的。对这一个问题的讨论，关涉到怎样在当代坚持和发展马克思主义哲学，因此这个讨论决不是“无谓争执”。他提出，对历史唯

① 李海荣:《历史唯物主义的解释原则及其世界观意义——与孙正聿先生商榷》，载《哲学研究》2007 年第 8 期。

物主义的“历史”观念的理解是引起争议的核心，李海荣把“历史”视为过程性的抽象，因此产生质疑。而历史唯物主义中的“历史”是马克思所说的“追求着自己目的的人的活动”，人的存在方式是世界的现实的关系。历史观念不是抽象原则，而是以这一切为基础的哲学观念，是世界观的解释原则。[①] 他还在另一篇论文中对马克思和恩格斯创建的历史唯物主义进行了全面的解读，认为从“感性的人的活动”或“历史中行动的人”出发去解决“思维和存在的关系问题”，形成了以“历史”为解释原则、以“生活决定意识”为核心理念、以“历史的内涵逻辑”为基本内容、以“人类解放”为价值诉求、以“改变世界”为理论指向的历史唯物主义的世界观。从而对以“历史”为解释原则进行了更为全面的阐释，细化了他的基本观点。他的这一见解也得到其他学者的呼应，例如，孔扬也反对把历史唯物主义当作“辩证唯物主义”在历史领域的推演，而是以“历史”作为新的解释原则重新理解全部哲学问题，得出历史唯物主义既是历史观，也

---

① 孙正聿:《历史唯物主义的真实意义》，载《哲学研究》2007 年第 9 期。

是世界观——把“世界”看作“历史”的新世界观的结论。他还进一步提出历史观转化为世界观的现实前提是资本主义的历史阶段和无产阶级的利益立场，而思想前提是近代历史哲学和历史科学。[①]

其实两位学者有个很重要的分歧就是从总体上理解历史唯物主义还是从细节上剖析历史唯物主义的研究路径差别。关于研究方式也是一个需要辩证看待的问题，过于强调总体性理解可能不够深入，而只抓住细节性的内容也可能引入错误的方向而看不清全局。显然，这次的争论并没有一个最终的结果，但无疑都能促进思考，进而深化对历史唯物主义的理解。关于历史唯物主义是“历史观”还是“世界观”的争论会告一段落，但对这一理论的探究并不会停止，也不能停止。

不同于世界观和历史观非此即彼的观点，不少学者也认为历史唯物主义是历史观和世界观的统一。黄光秋认为，历史唯物主义既是历史观、世界观，又是方法论，是理论与方法的科学统一。历史唯物主义是社会历史观和哲学世界观的统一。这是

① 孔扬:《历史观转化为世界观的现实前提与思想前提——论历史唯物主义新世界观的出场根由》，载《前沿》2012 年第 9 期。

两种说明，一种本质。可以说历史唯物主义是一种观照自然界的“大”的历史观；也是观照社会历史而不是形而上的抽象本体的“小”的世界观。[①]魏月、程彪认为，马克思在《德意志意识形态》中对历史的考察并不是一般的实证历史科学。他的思考既是建立在历史知识基础之上的元反思活动，又立足于“现实的个人自由发展”，同时批判了唯心主义和旧唯物主义的观点，转而从感性对象性活动即实践角度出发理解现实对象。因此，他不仅自觉到了思辨历史观的现实前提，把握到了观念产生的物质基础，更是从物质实践出发解释各种观念，将人的自由解放与现实的物质实践活动相联系进行理解，从而确立改变世界的现实道路，为人的解放指明了方向，实现了世界观与历史观的真正统一。[②]郝立新也认为，历史唯物主义存在一个多层次、多维度的本质结构，并且这种理论的特性决定了它在思想进程与现实进程的交汇点上呈现出既相联系又

---

① 黄光秋：《历史唯物主义理论“实质”与方法论“原则”》，载《学术界》2016年第10期。

② 魏月、程彪：《人的解放及其现实道路——〈德意志意识形态〉中马克思对思辨历史观批判的真实意蕴》，载《广西社会科学》2016年第12期。

相区别的历史形态。历史唯物主义的本质存在于其理论特有的“历史”之维和“现实”之维当中。历史唯物主义的理论前提是被改造过的“唯物主义”和“辩证方法”，即以实践观为核心的新唯物主义和新辩证法。唯物史观是一个具有多层次、多纬度的理论整体。它本质上是社会历史哲学，但其现实形态却又与社会历史科学有机结合；它是社会历史本体论、社会历史认识论、社会历史辩证法、社会历史价值论的有机统一。[①] 也就是说，应该用一种综合的、多维的视野去理解历史唯物主义。

11. 世界历史与全球化理论

马克思在《1844 年经济学哲学手稿》中已经多次使用“世界历史”的概念来说明人类历史发展的统一性问题。他认为：“因为对社会主义的人来说，整个所谓世界历史不外是人通过人的劳动而诞生的过程，是自然界对人来说的生成过程，所以关于他通过自身而诞生、关于他的形成过程，他有直观的、无可辩驳的证明。”[②] 这一概念分别在《德

---

① 郝立新：《历史唯物主义的理论本质和发展形态》，载《中国社会科学》2012 年第 3 期。

② 《马克思恩格斯文集》第 1 卷，人民出版社 2009 年版，第 196 页。

意志意识形态》和《共产党宣言》两书中有较为系统的论述。在《德意志意识形态》中，马克思指出："无产阶级只有在世界历史意义上才能存在，就像共产主义——它的事业——只有作为'世界历史性的'存在才有可能实现一样。而各个人的世界历史性的存在，也就是与世界历史直接相联系的各个人的存在。"同时，"各民族的原始封闭状态由于日益完善的生产方式、交往以及因交往而自然形成的不同民族之间的分工消灭得越是彻底，历史也就越是成为世界历史"[①]。文中关于世界历史的一系列论述标志着马克思主义世界历史理论的形成，成为当今全球化的理论源头。自20世纪末期全球化问题讨论开始，《德意志意识形态》也从另一个方面再度受到重视。

首先，分析了马克思"世界历史"理论的产生与唯物史观的联系。学界普遍认为，马克思的"世界历史"思想是和唯物史观的发现同步进行的，二者具有相互促进的关系。刘会强认为，马克思世界历史理论构成了诠释唯物史观的一个重要维度。因

---

① 《马克思恩格斯文集》第1卷，人民出版社2009年版，第541页。

为世界历史理论作为唯物史观的有机组成部分，既参与了马克思创立唯物史观的过程，也是马克思研究现实问题的根本方法之一。而且马克思从抽象到具体的叙述方法要求我们必须结合世界历史理论把握唯物史观的基本原理，只有这样才能将理论阐释落到实处而不至于停留在抽象层面。[①] 丰子义也提出，马克思的“世界历史”思想既是唯物史观的重要内容，同时也是唯物史观研究的重要方法。唯物史观的最初创立就是借助“世界历史”的研究而形成的，只有结合马克思的世界历史思想，才能真正理解唯物史观。马克思、恩格斯提出在理论探索过程中经历了从论证世界历史形成到考察社会生活整体联系“社会形态”的概念，再到发现社会形态的内在矛盾及其演化趋势，揭示了社会发展的一般规律，最终创立唯物史观的过程。因此，马克思关于唯物史观的许多重要观点并不局限于部分国家或民族，而是从总体的世界历史中概括出来的。马克思正是借助世界历史的分析看到了社会历史的深刻本质和内在联系，阐明了社会形态依次更替的规律以及资本主

① 刘会强:《马克思的世界历史理论与唯物史观的当代诠释》，载《社会科学》2002 年第 7 期。

义社会发展的内在规律。脱离了对世界历史的研究，就很难发现社会历史的内在联系，揭示社会历史发展的规律。[①] 马俊峰进一步分析了世界历史理论与马克思主义的关系，提出马克思的世界历史理论是在批判地继承了黑格尔的世界历史思想基础上，运用唯物史观及剩余价值理论深入研究了世界经济与社会的运动及其发展趋势而创立的。因此，世界历史理论必然属于马克思主义的重要内容，同时，这也是马克思分析研究许多问题的重要背景和方法，构成了科学社会主义的重要理论基础。[②]

其次，探讨了世界历史理论与全球化的关系。国内外学界肯定了马克思的世界历史思想和全球化理论两者间的渊源关系。2001 年 9 月在北京大学召开“马克思主义与全球化——《德意志意识形态》的当代阐释”国际学术研讨会上达成共识，《德意志意识形态》既是马克思主义哲学形成的标志，又是马克思主义世界历史理论形成的标志，同时还是

---

① 丰子义：《“世界历史”探索与唯物史观研究——从当代全球化的视角看》，载《南京大学学报》（哲学・人文科学・社会科学版）2007 年第 4 期。

② 马俊峰：《马克思世界历史理论的方法论意义》，载《中国社会科学》2013 年第 6 期。

当今全球化理论的源头。[①] 梁树发认为《德意志意识形态》是马克思世界历史理论的源头，赞同把全球化看作世界历史中的一个特殊阶段，在方法论的意义上把全球化放在马克思的世界历史理论框架内来认识；指出世界历史是一个以物质交往为主导和推动力量的自然历史过程。普遍交往是这一过程的直接实现形式。从交往主体看，世界历史是一种普遍的民族、国家关系，但更是一种阶级关系。基于生产力与交往形式之间的冲突和以此为基础的阶级冲突，马克思得出世界历史条件下共产主义革命的结论。世界历史也是一个不断实现人的全面发展的过程。马克思揭示了世界历史条件下人的发展的规律。就普遍交往的内容来说，世界历史又是一个不断实现人的活动全面交往的过程。因此，可以说马克思的世界历史理论是全球化问题研究的一般科学方法。[②] 仰海峰也认为，《德意志意识形态》揭示了社会发展的总体进程，特别是近代以来历史向世界

---

① 张立波：《"马克思主义与全球化——〈德意志意识形态〉的当代阐释"学术研讨会述评》，载《哲学研究》2001 年第 12 期。

② 梁树发：《从源头上理解马克思的世界历史理论——读〈德意志意识形态〉》，载《浙江学刊》2003 年第 1 期。

历史转变的内在逻辑，因此也就为我们认识社会历史发展，特别是认识当前正在进行的全球化进程提供了科学的方法论。① 丰子义分析了马克思“世界历史”思想的方法论意义，认为它使世界历史的研究达到一种新境界——要注意从历史发展规律的高度来研究世界历史，注意世界历史的制度分析和整体性的把握；也为观察社会历史开拓了新视野——要求在考察社会历史问题时，不能仅仅从一国的视野来考虑，必须同时具有“世界历史”的眼光；并且也为推动社会发展提出了新要求——要在进行现代化建设的过程中，自觉把握世界历史发展的规律和潮流，以此来审视和进行我们的工作。② 他还认为，马克思的世界历史理论需要厘清世界历史的“中心”问题、“世界文化”问题、东西方文明的关系问题、全球性与现代性的关系问题、全球化的实质问题等细节。只有对马克思的相关思想进行细致的辨析，才能达到对马克思“世界历史”思想的准

① 仰海峰：《〈德意志意识形态〉：理论与实践的双重意蕴》，载《理论探讨》2018 年第 1 期。

② 丰子义：《马克思“世界历史”思想的方法论意义》，载《北京大学学报》（哲学社会科学版）2000 年第 4 期。

确把握，并为研究全球化提供方法论指导。他提出，马克思的世界历史理论在历史观上不存在所谓“中心”，但就世界历史活动而言却因为特定条件而存在中心，这也是目前全球化的现实。马克思所讲的全球文化也是共同存在、相互影响的过程，而不是文化的同质化、模式化。而且，他分析了全球化的实质，认为从其发源和形成来看，是资本主义的全球化，但是从其发展趋势和结果来看又是共产主义的。[①]对于全球化发展趋势的观点与葛恒云等人相同，他们认为社会主义国家与资本主义国家的工人阶级将会在长远的时期内一起建成世界历史性的社会主义和共产主义社会。因此，当今世界的全球化进程不仅不是远离社会主义，反而是向社会主义靠近。[②]赵兴良同样否定了把全球化归结为资本主义全球化的观点，认为世界历史或全球化首先与资本主义结合在一起，表现为资本主义主导的世界历史或全球化进程，这是由于历史的原因，而非其本

① 丰子义：《马克思“世界历史”思想研究中的几个问题》，载《教学与研究》2002 年第 3 期。

② 葛恒云、袁吉富：《马克思的世界历史理论及其当代价值》，载《马克思主义与现实》2000 年第 2 期。

身具有社会制度的属性或意识形态的标签。[①] 倪娜则将其概括为资本主义是世界历史的起点，而社会主义是世界历史的方向。[②] 李蜀人进而提出了正确理解马克思世界历史性质的问题，以指导全球化问题的研究。他认为，马克思的世界历史理论仅仅是马克思历史哲学的一个部分，而不能将其理解为社会学、政治学或历史学等理论。因此批评仅仅停留在社会的表象上对于“全球化”进行描述性和概括性研究的现象，指出在“全球化”问题的研究中不能仅仅孤立地使用马克思的“世界历史”理论去一味地赞美“全球化”，而应该更加关注对社会现实的批判，特别是对于资本主义社会的批判。[③]

最后，从世界历史理论角度批判逆全球化思潮。全球化进程自开始以来就伴随着零星的批判与反抗，到 20 世纪末期反全球化运动引起了世界性的轰动。进入 21 世纪以后，受西方国家经济形势的

---

① 赵兴良:《马克思主义世界历史理论初探》，载《江西社会科学》2003 年第 1 期。

② 倪娜:《世界历史视阈的转换——对马克思的世界历史思想与全球化的哲学思考》，载《学习与探索》2010 年第 6 期。

③ 李蜀人:《马克思的历史哲学与世界历史理论》，载《复旦学报》(哲学社会科学版)2007 年第 4 期。

影响，逆全球化浪潮不断涌动。学界逐步开始用马克思主义理论分析反全球化、逆全球化的现象。比较普遍的观点是：反全球化和逆全球化虽然在短期内呈现猛烈的态势，但这并不代表历史发展的大趋势。郑一明和张超颖认为，以西方新自由主义为主导的全球化周期已经陷入严重的危机，逆全球化成为其应对资本主义基本矛盾的激化、去工业化导致的实体经济危机、资本主义自身发展的不平衡引发的各种复杂、尖锐的政治、经济和国际社会问题的暂时性策略。[①] 在逆全球化产生的时候，中国却始终坚持马克思的世界历史理论推动全球化进程。田鹏颖提出，习近平新时代中国特色社会主义思想指导下的人类命运共同体思想，植根于马克思世界历史理论，是解决人类问题的“中国方案”[②]。王莉和段光鹏也认为，马克思在批判和改造黑格尔的世界历史观中建构了新的世界历史理论，深刻阐述了全球化的历史起点、动力机制、根本特征、未来趋势

① 郑一明、张超颖：《从马克思主义视角看全球化、反全球化和逆全球化》，载《马克思主义与现实》2018 年第 4 期。

② 田鹏颖：《马克思世界历史理论与解决人类问题的“中国方案”》，载《中国高等教育》2018 年第 9 期。

等议题，为认识全球化提供了重要思想理论支撑。而英国脱欧和美国的贸易保护主义抬头等“逆全球化”行动都只是全球化进程的周期现象，不是未来的总体方向，况且中国在参与全球治理中也提供了全新的中国智慧，促进了全球化的进程。[①]

12.《德意志意识形态》中的施蒂纳问题

从篇幅上看，《德意志意识形态》一书中着墨最多的是第1卷中的“圣麦克斯”章。在这一章里面，马克思对麦克斯·施蒂纳当时引起轰动的一部书《唯一者及其所有物》进行了较为详细的批判性考察。然而与篇幅相反的是，施蒂纳在《德意志意识形态》的作用和影响却长期被理论界忽略，往往只是作为青年黑格尔派的成员一笔掠过，远不及费尔巴哈受重视的程度。

施蒂纳被忽视很重要的一个原因是其对马克思的影响确实不如费尔巴哈大，同时，马克思对其轻视进而在批判时嬉笑怒骂的态度也让后来的研究者觉得不具有太多理论价值。梅林在《马克思传》中认为，马克思“从论敌那里断章取义地摘出一段文

---

① 王莉、段光鹏:《破解“逆全球化”的思想武器》，载《前线》2018年第11期。

字，然后像对付野兽一样穷追猛打。用望文生义或随意曲解论敌的思想办法，极力使这个思想具有尽可能愚蠢的含义”[①]。因此，他认为马克思对施蒂纳的极力否定不值得研究。科尔钮同样认为：“他们的批判占这本书三分之二以上的篇幅，为了几本作为他们的论战对象的早已或多或少失去现实性的著作花费这么大的精力，未免有点小题大做。”[②]而国内的研究中也在对青年马克思时期的研究中聚焦在费尔巴哈上，造成了对施蒂纳的遮蔽。随着研究的推进，学界开始逐步重视施蒂纳对马克思思想发展的影响与意义，从文本解读、利己主义和虚无主义等方面分析马克思对施蒂纳的批判，及其对马克思本人的意义。

从文本分析角度重新审视施蒂纳问题。随着施蒂纳问题引起关注，很多学者首先从关于施蒂纳问题的篇幅入手，进而考察对施蒂纳的批判在马克思思想发展中的意义。有人甚至提出《德意志意识形

---

① ［德］弗兰茨·梅林：《马克思传》，樊集译，人民出版社 1965 年版，第 144 页。

② ［法］奥古斯特·科尔纽：《马克思恩格斯传》第 3 卷，管士滨译，生活·读书·新知三联书店 1980 年版，第 252 页。

态》中对施蒂纳的批判比《唯一者及其所有物》原文还要长。仅从如此长的篇幅来看，“圣麦克斯”章才是《德意志意识形态》的主体，施蒂纳才是该书的主角，对文中其他人的批判是以对施蒂纳的批判为基础的。[①] 理论研究当然不能完全根据篇幅来看，最重要的还是其中的思想内容，很多学者从文本分析的角度探讨其中的思想理论。单提平认为，施蒂纳对马克思的意义有待于重新检视，“圣麦克斯”一章及施蒂纳本人的意义是否得到充分评估，关系到《德意志意识形态》的结构与批判主旨的确认。施蒂纳既有被马克思嘲讽为“圣麦克斯”的“空洞意义上的无”形象，也有促使马克思重新界定现实个人，把个人自由与共产主义实践作为核心问题的“创造性的无”形象。双重形象启示我们马克思哲学文本研究本身的复杂性与现实观照的迫切性。[②]

实际上，理论研究的推进让人们更加认识到深

---

① 林钊：《马克思与施蒂纳思想关系的转变》，载《理论视野》2016年第10期。

② 单提平：《创造性的无：重新检视施蒂纳对马克思的意义》，载《哲学研究》2009年第12期。

入文本中，从马克思及其批判对象的文本对照中解读二者的分歧并进一步理解马克思的思想观点极为重要，否则很可能有失偏颇。近年来，从文本深耕中探究思想的研究方式越发受到重视。魏小萍从马克思、恩格斯在《德意志意识形态》中关于施蒂纳《唯一者及其所有物》一书里一些财富方面词汇的使用与理解上的分歧，探讨了财富的来源、性质与功能的不同见解，通过概念上的差异分析了他们对事物的本质认识的差异。[①]聂锦芳通过对《德意志意识形态》中的“圣麦克斯”章解读，探讨施蒂纳对历史、古代、近代等历史问题的哲学理解与马克思的异同，指出施蒂纳的失误在于假定观念和思想支配着迄今的历史，并且认为这个历史就是迄今存在的唯一的历史，进而设想现实的关系要顺应人自身及其观念的关系，亦即顺应逻辑规定。因此，他把人们关于自身的意识的历史变为人们的现实历史的基础，最终把意识、观念、精神的历史称为“人”的历史以替代现实的历史。简言之，就是

① 魏小萍:《词汇选择与哲学思考：财富的来源、性质与功能——〈德意志意识形态〉中马克思、恩格斯与施蒂纳分歧的文本解读》，载《哲学研究》2008 年第 2 期。

用观念解释历史而不是历史地洞察问题。[①] 他还分析了马克思在《德意志意识形态》第1卷中的“圣麦克斯”章中对施蒂纳关于精神本质（即“纯精神”）、精神的现实表征（即“不纯粹”的精神）以及把握精神的方式的思想进行的梳理和辨析，认为其中展示了两种观照和把握世界的方式在精神问题上的本质差别。在对于精神的本质、精神的现实表征和把握精神的规则等方面，施蒂纳都走向思辨，而马克思、恩格斯则走向现实，向现实和历史中寻求答案。[②]

马克思对施蒂纳利己主义的批判研究。作为青年黑格尔派的代表之一，施蒂纳的哲学是以利己主义为基本原则的，他提出了近代资本主义发展产物的“利己主义”，要经历从“通常理解的利己主义”到“自我牺牲的利己主义”，再到“自我一致的利己主义”的嬗变。《德意志意识形态》中明确指出，施蒂纳的“几乎整本‘圣书’都充满了自我

① 聂锦芳：《观念能否解释历史：施蒂纳与马克思——〈德意志意识形态〉中的〈圣麦克斯〉章解读》，载《哲学动态》2008年第4期。

② 聂锦芳：《究竟该如何把握精神——〈德意志意识形态〉中的〈圣麦克斯〉章解读》，载《江苏行政学院学报》2008年第5期。

一致的利己主义，即对资产阶级的幻想的这种幻想”①。学界一般认为，马克思在对施蒂纳利己主义的批判中，产生了对“个人”理解的变革，促进了唯物史观的发展。张文喜认为，马克思看到的现实的个人总是遭遇一定的物质生存条件，与施蒂纳那种无条件的绝对自由的个人不同。因为不能脱离生存条件，不能脱离生存世界，当然也就不能像施蒂纳那样靠“减去”个人一切社会群体特征和类特征的方法来认识和把握。②李淑梅认为，马克思把施蒂纳哲学作为黑格尔之后德国哲学的标本来批判，这对于马克思实现哲学的变革具有关键性的意义。在批判的过程中，马克思实现了对“个人”概念的变革。施蒂纳哲学“出发点和返回点”中所谓现实的、有形体的个人，实际上是“理想的”、利己主义的人。而马克思在批判中理解的现实的个人是从事现实的感性物质劳动、同自然和他人处于现实联系中，并受到现实的异己的经验条件制约的人。正是从这样的个人出发，马克思创立了唯物史观这门

---

① 《马克思恩格斯全集》第 3 卷，人民出版社 1960 年版，第 484 页。

② 张文喜:《马克思：对个人、自我的真实存在的探寻——从费尔巴哈到施蒂纳的比较与考察》，载《江汉论坛》2000 年第 7 期。

历史的科学，成为真正批判的世界观。[①]邹诗鹏提出，《德意志意识形态》是在自觉的世界历史时代及其历史实践过程展开对个人的论述的。其中包含着作为历史起点的个人，在社会历史关系及其结构中呈现出来的个人和作为人类解放目标性内涵的个人三个层面。可见，与施蒂纳不同，马克思有关“现实的个人”的描述，强调的就是社会历史关系及其结构。[②]聂锦芳也指出，施蒂纳提出的利己主义转换面临现实困难，即在一定的、不以人的意志为转移的生产方式内，总有某些异己的不仅不以人的意志为转移的实际力量统治着人们。施蒂纳是在思辨的王国中思考问题。马克思、恩格斯的论证批判了施蒂纳从一开始就是建立在对前两种利己主义者范畴和对现实人的现实关系的一种错觉上面的。[③]

马克思对施蒂纳虚无主义的批判研究。当费尔

---

① 李淑梅：《个人概念的变革与唯物史观的创立——〈德意志意识形态〉对施蒂纳利己主义的批判》，载《社会科学》2008年第2期。

② 邹诗鹏：《马克思对利己主义的批判》，载《社会科学战线》2016年第11期。

③ 聂锦芳：《马克思恩格斯对施蒂纳“利己主义者的现象学”的批判——〈德意志意识形态〉中的〈圣麦克斯〉章解读》，载《哲学研究》2008年第8期。

巴哈用“人的本质”取代“上帝的本质”之后，施蒂纳却用“唯一者”批判了费尔巴哈。在费尔巴哈那里，人是作为“类”而存在的，施蒂纳把类转向了“个体”。孙伯鍨指出：“施蒂纳的哲学是唯我主义哲学，他的全部事业就是要推翻以往所有哲学对人们的统治，以便恢复自我的绝对主宰地位。”① 深入分析，他以利己主义为核心的“唯一者”实际上是把唯心史观的哲学引向了价值虚无主义。施蒂纳在他的论著中给历史做了“古代”“中世纪”“近代”的历史分期。邹诗鹏认为，施蒂纳创立其特有的历史分期理论，主要是要引出其“唯一者”及其基于国家虚无化基础上所形成的利己主义哲学。而施蒂纳所主张的利己主义，实际上是价值虚无主义。价值虚无主义往往虚化外部世界，却把自身世界“圣物”化。施蒂纳的“唯一者”哲学即表征了如此一种利己主义、价值虚无主义与无政府主义混合杂糅的精神症候。② 刘森林提出，施蒂纳是马克思主义思想

---

① 孙伯鍨：《探索者道路的探索：青年马克思恩格斯哲学思想研究》，北京师范大学出版社 2017 年版，第 281 页。

② 邹诗鹏：《马克思对利己主义的批判》，载《社会科学战线》2016 年第 11 期。

史上第一个以虚无主义问题与马克思遭遇的思想家。施蒂纳对虚无主义的更早发现，以及与马克思的直接相互交锋，使得马克思对施蒂纳虚无主义的批判显得更重要。施蒂纳追求的作为个体人的“自我”具有完全的自我完满性、完全的自足自立性，可以自己凭借自己的内在所有，不借任何外物便足以自我规定、自我支撑、自我存在。而在马克思看来，这必将是一种虚无，在实际生活中将寸步难行。不过，他也提出，看待唯物史观不能彻底世俗化，只盯着吃穿住而不关注更高的文化需求，否则也是把虚无主义当成了唯物史观的逻辑结论。[①] 同时，他还根据马克思对施蒂纳的批判分析出遏止虚无的两种路径：拒斥例行化劳作个性自由的施蒂纳方案和把个人的非例行化劳作与解救例行化劳作的大众有机结合起来的马克思方案。施蒂纳强调个体自我自救之路，马克思强调自我普遍实现所需的社会基础条件，以及不能放弃启蒙主体性自我实现的普遍性。[②]

---

① 刘森林：《马克思与虚无主义：从马克思对施蒂纳的批判角度看》，载《哲学研究》2007 年第 7 期。

② 刘森林：《遏止虚无的两种路径：马克思批评施蒂纳的启示》，载《学术月刊》2008 年第 6 期。

无论是马克思对施蒂纳利己主义的批判，还是对虚无主义的批判，实质上都是对唯心史观、形而上学的批判。费尔巴哈抨击了唯心主义，施蒂纳又批判了费尔巴哈的形而上学，但他们都只是用形而上学的一方面批判另一方面，没有真正跳出形而上学的局限。吴晓明指出，费尔巴哈和施蒂纳的差别在于：费尔巴哈的不幸乃是悲剧，而施蒂纳的不幸则到处表现为喜剧性。他认为，马克思对施蒂纳的批判乃是对一切形而上学的批判，正是由于并且通过这一批判，马克思才能终结全部形而上学。实际上，马克思对施蒂纳和对费尔巴哈的批判在性质上是十分类似而且是同步进行的，马克思所面临的思想任务某种程度上是同一的。这一批判首先具有存在论意义上的重要性，因为正是这一批判才充分而完整地触动并瓦解了近代形而上学的基本建制。并且在这一批判的基础上，马克思的哲学革命以及由之而来的“历史科学”的纲领，才可能内在巩固地建立起来，其完整的意义才可能在本质上重要地显现出来。[①]

---

① 吴晓明:《施蒂纳的“唯一者”与马克思的哲学革命》，载《南京大学学报》(哲学·人文科学·社会科学版)2007年第3期。

五、小结

对于经典著作，传统的思路一直是重原理、轻文本，强调用现实的观照回顾文本。这固然有其现实需要性，但一味如此，难免流于对政策和流行观念的单纯辩护和庸俗图解。太过注重文本当然也有导致马克思主义哲学研究的“学院化”“形式主义化”，疏离现实生活和规避政治路线的可能，但如果不回到文本，聂锦芳所担心的“‘回到马克思’这种研究路向有沦为一个空洞的口号而少有实绩的危险，这一领域出现了再次凋零为‘结不出果实的花朵’的迹象！”[①]也许不久就会成为无法挽回的事实。因此，正确的道路应该是回归文本但又超出文本，扎根于文本解读的基础上进行思想研究，把对现实的诠解、反思和引导联系起来进行的深邃思考。正如岩佐茂等人所说：“现在最重要的工作是，要把马克思写作手稿时的思想状况作为横轴，把他的思想形成过程作为纵轴，将他们的文本置于横轴和纵轴的交叉点上，以此来挖掘《德意志意识形

① 聂锦芳：《批判与建构：〈德意志意识形态〉文本学研究》，人民出版社 2012 年版，第 687 页。

态》中马克思的思想。”[①] 透过学界对《德意志意识形态》的相关研究甚至是争论，我们可以看到学界研究呈现出思想—文本—思想的特点，最初对主旨思想的把握，经历了文本的深度耕犁，再次回归到思想。这样的回归，是更高层次、更全面的解读。以文本的物理还原为手段，以经典的思想还原为核心，只有全面考察，才能给马克思思想一个合理的位置。

① ［日］岩佐茂等：《〈德意志意识形态〉的世界》，梁海峰等译，北京师范大学出版社 2014 年版，第 6 页。

参考文献

1.《马克思恩格斯选集》第 2 卷，人民出版社 2012 年版。

2.《马克思恩格斯文集》第 1 卷，人民出版社 2009 年版。

3.《马克思恩格斯文集》第 4 卷，人民出版社 2009 年版。

4.《马克思恩格斯全集》第 3 卷，人民出版社 1960 年版。

5.《马克思恩格斯全集》第 13 卷，人民出版社 1962 年版。

6.《马克思恩格斯全集》第 27 卷，人民出版社 1972 年版。

7.《列宁选集》第 1 卷，人民出版社 2012 年版。

8.《列宁选集》第 2 卷，人民出版社 2012 年版。

9.《列宁全集》第 26 卷，人民出版社 1988 年版。

10.《马列主义研究资料》第 31 期，人民出版社 1984 年版。

11. 黄楠森:《马克思主义哲学史》第 1 卷，北京出版社 1996 年版。

12. 庄福龄:《马克思主义史》第 1 卷，人民出版社 2004 年版。

13. [法] 雅克・阿塔利:《卡尔・马克思》，刘成富等译，上海人民出版社 2010 年版。

14. 聂锦芳:《批判与建构:〈德意志意识形态〉文本学研究》，人民出版社 2012 年版。

15. 林进平主编:《马克思主义研究资料》第 1 卷，中央编译出版社 2014 年版。

16. [德] 陶伯特:《MEGA: 陶伯特版〈德意志意识形态・费尔巴哈〉》，李乾坤等译，南京大学出版社 2014 年版。

17. 张一兵:《回到马克思: 经济学语境中的哲学话语》，江苏人民出版社 2014 年版。
18.［法］路易·阿尔都塞：《保卫马克思》，顾良译，商务印书馆 1984 年版。
19. 孙伯鍨：《探索者道路的探索：青年马克思恩格斯哲学思想研究》，北京师范大学出版社 2017 年版。
20. 韩立新：《新版〈德意志意识形态〉研究》，中国人民大学出版社 2008 年版。
21.［日］广松涉：《文献学语境中的〈德意志意识形态〉》，彭曦译，南京大学出版社 2005 年版。
22. 魏小萍：《探求马克思——〈德意志意识形态〉原文文本的解读与分析》，人民出版社 2010 年版。
23. 孙云龙：《生活的发现与历史唯物主义的形成：〈德意志意识形态〉研究》，复旦大学出版社 2011 年版。
24.《广松涉全集》第 8 卷，岩波书店 1997 年版。
25. 陈先达、靳辉明：《马克思早期思想研究》，中国人民大学出版社 2016 年版。
26. 张一兵：《马克思哲学的历史原像》，人民出版社 2009 年版。
27. 俞吾金：《被遮蔽的马克思》，人民出版社 2012 年版。
28. 杨金海：《马克思主义研究资料：〈德意志意识形态〉研究》，中央编译出版社 2013 年版。
29. 黄楠森：《马克思主义哲学史》，高等教育出版社 1998 年版。
30.［法］奥古斯特·科尔纽：《马克思恩格斯传》第 3 卷，管士滨译，生活·读书·新知三联书店 1980 年版。
31. 赵常林：《理性与现实〈德意志意识形态〉评述》，人民出版社

1996 年版。

32. 孙伯鍨、张一兵:《走进马克思》,江苏人民出版社 2008 年版。

33. 孙云龙:《生活的发现与历史唯物主义的形成:〈德意志意识形态〉研究》,复旦大学出版社 2011 年版。

34. [日]望月清司:《马克思历史理论的研究》,韩立新译,北京师范大学出版社 2009 年版,第 14—15 页。

35. 俞吾金:《意识形态论》(修订版),人民出版社 2009 年版。

36. 郑永廷等:《社会主义意识形态发展研究》,人民出版社 2002 年版。

37. 张秀琴:《马克思意识形态理论的当代阐释》,中国社会科学出版社 2005 年版。

38. 马俊峰:《马克思社会共同体理论研究》,中国社会科学出版社 2005 年版。

39. [德]弗兰茨·梅林:《马克思传》,樊集译,人民出版社 1965 年版。

40. [日]岩佐茂等:《〈德意志意识形态〉的世界》,梁海峰等译,北京师范大学出版社 2014 年版。

41. 侯惠勤:《〈德意志意识形态〉的理论贡献及其当代价值》,载《高校理论战线》2006 年第 3 期。

42. 聂锦芳:《未完成的文本如何表述思想?——对〈德意志意识形态〉写作过程的考察》,载《现代哲学》2006 年第 6 期。

43. 聂锦芳:《版本考证与文本解读、思想研究的关系辨析——以〈德意志意识形态〉为例》,载《马克思主义与现实》2007 年第 3 期。

44. 聂锦芳:《思想的传承、决裂与重构(下)——〈德意志意识形态〉创作前史研究》,载《河北学刊》2006 年第 5 期。

45. 聂锦芳:《文本的命运(上)——〈德意志意识形态〉手稿保存、刊布与版本源流考》，载《河北学刊》2007 年第 4 期。
46. 聂锦芳：《重新理解〈德意志意识形态〉中的“世界历史”思想——从马克思“世界历史”思想的当代研究谈起》，载《江海学刊》2008 年第 2 期。
47. 聂锦芳：《马克思是怎样了断与鲍威尔的思想关系的——对〈德意志意识形态〉三个片段的解读和分析》，载《北京行政学院学报》2007 年第 3 期。
48. 韩立新：《〈德意志意识形态〉的文献学研究和日本学界对广松版的评价》，载《中国社会科学》2006 年第 2 期。
49. 鲁克俭：《“马克思文本解读”研究不能无视版本研究的新成果——评张一兵“〈文献学语境中的《德意志意识形态》〉代译序”》，载《马克思主义与现实》2006 年第 1 期。
50. [日] 大村泉等：《MEGA2〈德意志意识形态〉之编辑与广松涉版的根本问题》，载《学术月刊》2007 年第 1 期。
51. [日] 小林一穗、韩立新：《〈德意志意识形态〉“费尔巴哈”章的文献问题》，载《南京社会科学》2005 年第 8 期。
52. 刘同舫、史英哲：《历史深处的未来想象——马克思从〈1844 年经济学哲学手稿〉到〈德意志意识形态〉理论立场的转变》，载《甘肃社会科学》2014 年第 1 期。
53. 俞吾金：《用差异分析法研究马克思的学说》，载《哲学动态》2004 年第 12 期。
54. 姚顺良：《论马克思在〈德意志意识形态〉写作中的主导作用》，载《马克思主义研究》2007 年第 5 期。
55. 大村泉、盛福、刚陈浩：《〈德意志意识形态〉“费尔巴哈”章作者身份问题再考察》，载《武汉大学学报》(哲学社会科学版)2019 年第 2 期。
56. 汪信砚、李志:《“现实的个人”:唯物史观的入口处——〈德意志意识形态〉的个人概念及其意义》，载《哲学动态》2007 年第 9 期。
57. 张奎良:《〈德意志意识形态〉的十大亮点——纪念〈德意志意识形态〉170 周年》，载《求是学刊》2016 年第 6 期。
58. 韩立新:《望月清司对马克思市民社会历史理论的研究》，载《南京大学学报》(哲学・人文科学・社会科学版) 2009 年第 4 期。
59. 段忠桥:《质疑俞吾金教授关于“实践唯物主义”的两个说法》，载《马克思主义与现实》2008 年第 6 期。
60. 俞吾金:《历史唯物主义是哲学而不是实证科学——兼答段忠桥教授》，载《学术月刊》2009 年第 10 期。
61. 段忠桥:《历史唯物主义:“哲学”还是“真正的实证科学”——答俞吾金教授》，载《学术月刊》2010 年第 2 期。
62. 张廷国、梅景辉:《历史唯物主义是什么意义上的“实证科学”——由俞吾金教授与段忠桥教授之争所想到的》，载《学术月刊》2010 年第 2 期。
63. 王晓升:《哲学或实证科学?——历史唯物主义理论性质热讨论之后的冷思考》，载《哲学动态》2011 年第 6 期。
64. 钟晓宏:《历史唯物主义与实证科学关系的思考》，载《前沿》2011 年第 15 期。
65. 舒远招:《也谈历史唯物主义的学科归属问题——基于〈德意志意识形态〉的文本解读》，载《马克思主义与现实》2014 年第 4 期。
66. 韩振峰:《社会主义意识形态的本质体现——论社会主义核心价值体系》，载《理论视野》2008 年第 9 期。

67. 杨生平:《意识形态相关概念辨析》，载《江汉论坛》1998 年第 7 期。
68. 吴胜锋:《马克思意识形态概念辨析——基于〈德意志意识形态〉文本的解读》，载《马克思主义研究》2006 年第 6 期。
69. 王永贵:《对全球化背景下意识形态含义不同认识的考察与分析》，载《马克思主义与现实》2006 年第 2 期。
70. 李彬彬:《马克思恩格斯意识形态概念再析》，载《哲学动态》2015 年第 6 期。
71. 秦龙:《马克思对“共同体”的探索》，载《社会主义研究》2006 年第 3 期。
72. 邵发军:《马克思的“共同体思想”与唯物史观的关系探讨——兼与〈马克思对“共同体”的探索〉一文商榷》，载《社会主义研究》2009 年第 3 期。
73. 邵发军:《马克思“虚幻”共同体思想视域下的国家治理研究》，载《社会主义研究》2014 年第 4 期。
74. 胡寅寅:《马克思共同体思想的理论演进逻辑》，载《社会科学家》2013 年第 9 期。
75. 陈东英、张伟:《马克思政治哲学的理论基础：以“共同体思想”为视角》，载《社会主义研究》2010 年第 4 期。
76. 邹诗鹏:《“实践唯物主义”与唯物史观的相通性——基于〈关于费尔巴哈的提纲〉与〈德意志意识形态〉的探讨》，载《马克思主义与现实》2015 年第 4 期。
77. 孙正聿:《历史的唯物主义与马克思主义的新世界观》，载《哲学研究》2007 年第 3 期。
78. 李海荣:《历史唯物主义的解释原则及其世界观意义——与孙正聿

商榷》，载《哲学研究》2007 年第 8 期。

. 孙正聿：《历史唯物主义的真实意义》，载《哲学研究》2007 年第 9 期。

80. 孔扬：《历史观转化为世界观的现实前提与思想前提——论历史唯物主义新世界观的出场根由》，载《前沿》2012 年第 9 期。

81. 黄光秋：《历史唯物主义的理论“实质”与方法论“原则”》，载《学术界》2016 年第 10 期。

82. 魏月、程彪：《人的解放及其现实道路——〈德意志意识形态〉中马克思对思辨历史观批判的真实意蕴》，载《广西社会科学》2016 年第 12 期。

83. 郝立新：《历史唯物主义的理论本质和发展形态》，载《中国社会科学》2012 年第 3 期。

84. 刘会强：《马克思的世界历史理论与唯物史观的当代诠释》，载《社会科学》2002 年第 7 期。

85. 丰子义：《“世界历史”探索与唯物史观研究——从当代全球化的视角看》，载《南京大学学报》(哲学·人文科学·社会科学版)2007 年第 4 期。

86. 马俊峰：《马克思世界历史理论的方法论意义》，载《中国社会科学》2013 年第 6 期。

87. 张立波：《“马克思主义与全球化——〈德意志意识形态〉的当代阐释”学术研讨会述评》，载《哲学研究》2001 年第 12 期。

88. 梁树发：《从源头上理解马克思的世界历史理论——读〈德意志意识形态〉》，载《浙江学刊》2003 年第 1 期。

89. 仰海峰：《〈德意志意识形态〉：理论与实践的双重意蕴》，载《理论探讨》2018 年第 1 期。

90. 丰子义:《马克思“世界历史”思想的方法论意义》，载《北京大学学报》(哲学社会科学版)2000年第4期。
91. 丰子义:《马克思“世界历史”思想研究中的几个问题》，载《教学与研究》2002年第3期。
92. 葛恒云、袁吉富:《马克思的世界历史理论及其当代价值》，载《马克思主义与现实》2000年第2期。
93. 赵兴良:《马克思主义世界历史理论初探》，载《江西社会科学》2003年第1期。
94. 倪娜:《世界历史视阈的转换——对马克思的世界历史思想与全球化的哲学思考》，载《学习与探索》2010年第6期。
95. 李蜀人:《马克思的历史哲学与世界历史理论》，载《复旦学报》(哲学社会科学版)2007年第4期。
96. 郑一明、张超颖:《从马克思主义视角看全球化、反全球化和逆全球化》，载《马克思主义与现实》2018年第4期。
97. 田鹏颖:《马克思世界历史理论与解决人类问题的“中国方案”》，载《中国高等教育》2018年第9期。
98. 王莉、段光鹏:《破解“逆全球化”的思想武器》，载《前线》2018年第11期。
99. 林钊:《马克思与施蒂纳思想关系的转变》，载《理论视野》2016年第10期。
100. 单提平:《创造性的无:重新检视施蒂纳对马克思的意义》，载《哲学研究》2009年第12期。
101. 魏小萍:《词汇选择与哲学思考:财富的来源、性质与功能——〈德意志意识形态〉中马克思、恩格斯与施蒂纳分歧的文本解读》，载《哲学

》2008 年第 2 期。

02. 聂锦芳:《观念能否解释历史:施蒂纳与马克思——〈德意志意识形态〉中的〈圣麦克斯〉章解读》,载《哲学动态》2008 年第 4 期。

103. 聂锦芳:《究竟该如何把握精神——〈德意志意识形态〉中的〈圣麦克斯〉章解读》,载《江苏行政学院学报》2008 年第 5 期。

104. 张文喜:《马克思:对个人、自我的真实存在的探寻——从费尔巴哈到施蒂纳的比较与考察》,载《江汉论坛》2000 年第 7 期。

105. 李淑梅:《个人概念的变革与唯物史观的创立——〈德意志意识形态〉对施蒂纳利己主义的批判》,载《社会科学》2008 年第 2 期。

106. 邹诗鹏:《马克思对利己主义的批判》,载《社会科学战线》2016 年第 11 期。

107. 聂锦芳:《马克思恩格斯对施蒂纳"利己主义者的现象学"的批判——〈德意志意识形态〉中的〈圣麦克斯〉章解读》,载《哲学研究》2008 年第 8 期。

108. 邹诗鹏:《马克思对利己主义的批判》,载《社会科学战线》2016 年第 11 期。

109. 刘森林:《马克思与虚无主义:从马克思对施蒂纳的批判角度看》,载《哲学研究》2007 年第 7 期。

110. 刘森林:《遏止虚无的两种路径:马克思批评施蒂纳的启示》,载《学术月刊》2008 年第 6 期。

111. 吴晓明:《施蒂纳的"唯一者"与马克思的哲学革命》,载《南京大学学报》(哲学·人文科学·社会科学版)2007 年第 3 期。